Are Your Lights On?

대체 뭐가 문제야

대체 뭐가 문제야

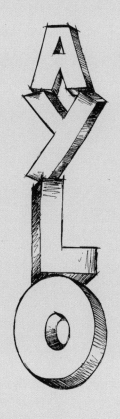

제럴드 와인버그 · 도널드 고즈 지음 | 김준식 옮김

인사이트

일러두기

이 책에 나오는 일화 속 주인공들의 이름은 저자가 내용을 쉽게 파악하고, 기억하기 좋도록 상징성 있는 단어를 선택하여 지었다. 예컨대 1부에 등장하는 빌딩 이름인 브론토사우르스는 쥐라기 시대에 서식한 초식 공룡으로 몸집이 커서 자신의 꼬리에 닥친 위험을 알아차리는 데 20초나 걸리는, 문제 인식이 느린 공룡이다.

하나 일부 이름은 음독을 하면 이해하기 어려운 부분이 있어 쉬운 한글 표현으로 바꾸었다. 예컨대, 1부에 등장하는 왕공룡 씨의 경우 원서에서는 그리스의 철학자 디오게네스와 쥐라기 시대의 공룡 디플로도쿠스를 합한 디오게네스 디플로도쿠스 (Diogenes Diplodocus)이다.

대체 뭐가 문제야

초판 1쇄 발행 2006년 2월 10일 **신판 1쇄 발행** 2013년 1월 25일 **3쇄 발행** 2022년 3월 7일 **지은이** 도널드 C. 고즈, 제럴드 M. 와인버그 **옮긴이** 김준식 **펴낸이** 한기성 **펴낸곳** (주)도서출판인사이트 **본문디자인** 윤영준 **제작·관리** 이유현, 박미경 **용지** 에이페이퍼 **출력·인쇄** 에스제이피앤비 **후가공** 이지앤비 **제본** 서정바인텍 **등록번호** 제2002-000049호 **등록일자** 2002년 2월 19일 **주소** 서울시 마포구 연남로5길 19-5 **전화** 02-322-5143 **팩스** 02-3143-5579 **이메일** insight@insightbook.co.kr **ISBN** 978-89-6626-066-9 책값은 뒤표지에 있습니다. 잘못 만들어진 책은 바꾸어 드립니다. 이 책의 정오표는 http://blog.insightbook.co.kr/에서 확인하실 수 있습니다.

사랑하는 우리 아내들에게 이 책을 바친다.
우리 둘이 함께 다니며, 두 집 중 한 집에 신세를 지는 동안,
다른 한 집의 부인은 아무도 없이 혼자 지내야만 했다.
그 상황이 누구에게 더 좋은 건지는 솔직히 잘 모르겠지만.

옮긴이의 글

이 책을 처음 접한 것은 몇 년 전 컨설턴트로 일할 때다. 아마존에서 책을 찾다가 우연히 '컨설턴트가 읽어야 할 책 5'라는 곳을 클릭해 들어갔다. 다섯 권 중 이 책을 비롯해 두 권을 주문했는데, 이 책은 그냥 제목 『Are Your Lights On?』이 마음에 들어 골랐다. 당시 홍콩에서 프로젝트를 하면서 시간 나는 대로 책을 읽었는데, 매일 골치 아프고, 새로운 문제를 접하던 나에게 문제 해결사로서 컨설턴트가 갖춰야 할 기본 소양을 간결하고 (아주 쉽지는 않았다.) 재미있게 전달해 주었다. 나중에 이 책의 번역을 의뢰 받았을 때 '그때 책을 제대로 골랐었구나' 하는 생각이 들었다.

"호랑이 굴에 들어가도 정신만 똑바로 차리면 산다." 이 책이 내게 주는 가르침의 핵심은 바로 이것이다. 어떤 문제에 봉착한 사람들(물론 나를 포함하여)이 저지르는 가장 흔한 실수는 문제를 너무 성급하게 해결하려고 한다는 것이다. 흥분을 가라앉히고 문제를 객관적인 시각에서 바라볼 수 있는 자세를 견지할 수 있다면 일단 절반은 성공이다. 문제와 그를 둘러싼 현실을 직시할 준비가 된 것이다.

지금 하는 업무가 영 맘에 들지 않는다. 배우는 것도 없는 것 같고, 성취감도 없고, 몸은 힘들다. 그러나 정말 배우는 것이 없고, 성취하는 것도 없고, 객관적으로 힘든 일인지는 누구도 말하기 힘들다. 무언가 불만족스럽긴 한데 대체 무엇이 문제인가? 누구의 문제인가? 무엇이 문제의 핵심인가? 그리고 여러분은 그 상황을 어떻게 해결할 것인가?

이 책을 읽고 난 뒤, 여러분은 아주 자연스럽게 이런 질문들을 스스로 던질 수 있어야 한다.

우리가 어떤 현상을 인식했을 때 문제가 있다고 생각하는 이유는 그것이 '우리가 바라는 것'에 비해 무언가 부족하기 때문이다. 문제 해결사의 일은 어떤 형태로든 그 차이를 제거할 수 있는 방법을 찾아내는 것이며, 그 첫 단계는 불만족한 현상을 해결 가능한 형태의 문제로 표현하는 것이다. 어떻게 효과적으로 이런 불만족들을 찾아내고 표현할 것인가? 이제 이 책을 읽으면서 그 방법을 찾게 될 것이다.

나에게 문제 해결사의 역할에 대해 많은 가르침을 주신 류명환 부사장님과 홍성완 상무님께 존경의 마음을 전하며 김영수, 주상욱, 윤형제, 정재원 선배님께 감사 드린다. 책 번역에 도움을 아끼지 않았던 인사이트 출판사의 박선희 님께 감사의 마음을 전하고, 마지막으로 나를 처음 이 길로 인도했던 아내 세영에게 감사한다.

김준식

차례

3부 정말로 무엇이 문제인가?

서문

문제: 아무도 서문을 읽지 않는다.

해결안: 서문을 1장으로 한다.

해결안에 따른 새로운 문제: 1장이 지루하다

결의안: 1장을 날려 버리고 2장을 1장으로 한다.

제1부

무엇이
문제인가?

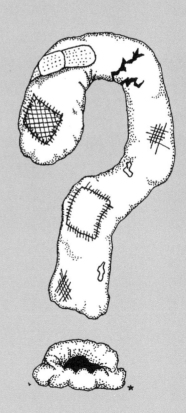

문제

고담 시내의 금융 지구 한가운데에는 얼마 전에 새로 지은 휘황찬란한 73층짜리 브론토사우루스 타워가 서 있다. 그런데 이 최고급 빌딩에 입주가 아직 끝나지도 않았는데 벌써 사무실 입주자들은 엘리베이터 서비스에 불만을 느끼고 있다. 실제로 몇몇 입주자는 엘리베이터 서비스를 하루빨리 개선하지 않는다면 그곳을 떠나겠다고 으름장을 놓고 있다.

이 사례와 관련된 몇 가지 현상^{fact}은 다음과 같다.

1. 이 빌딩에는 주로 평일 오전 9시에서 오후 5시까지 업무를 하는 기업들이 입주해 있다.
2. 이 빌딩을 이용하는 사람들은 대부분 어떤 방식으로든 금융계와 관련이 있는 사람들이다.
3. 거주자들은 73개 전 층에 골고루 분포해 있으며, 따라서 엘리베이터의 통행량도 골고루 분포된다.

4. 빌딩의 소유주는 나머지 사무실 공간을 임대하기 위해 광고에 많은 돈을 쏟아 붓고 있다.
5. 부정적인 소문들이 금융가의 좁은 세계 안에서 빠르게 확산되고 있다.

이 상황을 어떻게 대처해야 할까?

즉각 다음과 같은 여러 가지 생각을 떠올릴 수 있을 것이다.

1. 엘리베이터의 속도를 높인다.
2. 빌딩을 관통하는 수직 통로를 새로 만들어 엘리베이터를 추가한다.
3. 빌딩 바깥쪽에 수직 통로를 만들어 엘리베이터를 추가한다.
4. 업무 시간을 엇갈리게 배치하여 러시아워의 통행량을 분산시킨다.
5. 거주자들의 거주 층을 조정하여 빌딩 내의 총 통행량을 줄인다.
6. 빌딩 내로 들어오는 사람의 수를 제한한다.
7. 한꺼번에 2~3층에 걸칠 수 있는 높이의 큰 엘리베이터로 대체한다.
8. 가까운 층간의 이동을 줄이기 위해 층별로 특화된 서비스를 제공한다.
9. 상황에 따라 단거리 구간과 장거리 급행 구간으로 나누어 엘리베이터 운행 스케줄을 재설계한다.

문제 해결의 원칙에 입각하여 직관적으로 몇 가지 해결안을 도출해 보았다. 그러나 답을 내기에 앞서 다음과 같이 몇 가지 질문을 던져보는 것이 현명한 방법일 것이다.

어떤 질문을 던져야 할까? '누가' 문제를 안고 있는가? 그것은 어떤 문제인가? 혹은, 이 시점에서 도대체 뭐가 '문제'란 말인가?

먼저 "누구의 문제인가?"라는 질문에 대해 생각해 보자. 이 질문은

1. 누가 의뢰인인가, 말하자면 누가 만족해야 하는지를 결정하는 것이며,
2. 적절한 해결안 도출을 위한 몇 가지 단서 조항을 선정하는 것이다.

앞에서 열거한 해결안들은 다양해 보이지만 사실은 모두 한 가지 관점을 견지한다. 즉, 엘리베이터 사용자들이 문제를 가진 사람들이라는 것이다.

건물주 왕공룡Diogenes Diplodocus씨의 관점으로 이야기를 한다면 어떨까? 그를 의뢰인으로 한다면 이전 목록과는 다소 다른, 다음과 같은 해결안 목록이 나올 것이다.

1. 월세를 좀 더 올려서 소수의 입주자들만으로 모기지를 감당한다.
2. 이런 엘리베이터 상황 덕분에 브론토사우루스 타워는 오히려 일하기에 더 여유로운 공간이 될 수 있다고 입주자들을 설득한다.
3. 사람들이 많이 다니는 곳에 걷는 시간 대비 열량 소비량 추정치를 붙여 놓음으로써 지금보다 운동량이 많아야 한다는 것을 강조하고, 엘리베이터보다는 계단을 이용하는 것이 바람직하다고 입주자들을 설득한다.
4. 차라리 빌딩에 불을 질러서 태워버리고 보험금을 탄다.
5. 빌딩 시공사를 고소한다.
6. 옆 빌딩의 엘리베이터 시간을 훔쳐온다.

이 두 가지 목록은 반드시 상호 배타적이지는 않지만, 다소 다른 지향성을 나타내고 있다. 이러한 차이는 우리가 문제에 의문을 품지 않고 성급

하게 해결안을 도출하려는 성향을 반성해야 한다는 것을 일깨운다.

무엇이 문제인가? What is the problem?

풋내기 문제 해결사들은 해결해야 할 문제를 정의하는 데 시간을 보내기보다는 거의 대부분 성급하게 해결안을 찾아내는 데에 매달린다. 경험 많은 문제 해결사들조차 외부에서 압력을 받으면 그런 성급한 요구에 굴복한다. 그렇게 하면 여러 가지 해결안이 나오기는 하지만 실제 현안과 동떨어지는 경우가 많다. 저마다 원하는 해결안을 채택하기 위해 논쟁할 때에도 상대방의 고집스러움은 비난하면서 정작 편협한 관점을 비판하는 경우는 드물다.

　문제 해결 그룹들이 실패하는 이유가 꼭 정의를 내리는 것을 간과해서만은 아니다. 어떤 경우에는 해결안을 이끌어 내기 위한 추진력을 확보하지 못한 채, 여러 가지 정의를 놓고 왈가왈부만 하다가 실패로 끝나버리기도 한다.

　실제로 자연스러운 일상의 문제를 단 한 가지로 완벽하고 명백하게 정의하는 것은 불가능하다. 또 문제에 대한 어떤 공통된 이해 없이 나온 해결안은 여지없이 '엉뚱한' 문제에 대한 해결안이 되고 만다. 보통은 목소리가 가장 큰 사람이나 가장 설득력있게 말하는 사람이 주장하는 문제가 선택된다. 아니면 돈이 가장 많은 사람의 것이 선택되거나.

　남의 문제를 해결해주는 문제 해결사가 되고자 할 때 취할 수 있는 최선의 방법은 문제를 '단수에서 복수로 보는 사고의 전환'을 시도하는 것이다. 다시 말해 문제 해결사 Problem Solver 가 아니라 문제들 해결사 Solver of Problems 로 여러분 자신을 변화시키라는 것이다.

　이런 정신적인 전환을 실행하려면 해결사는 게임을 시작할 때 바로 다음 질문에 대한 답을 찾기 위해 노력해야 한다.

누구의 문제인가?

그다음 독특한 답을 내놓는 각각의 집단에게 다음과 같은 질문을 던
진다.

당신 문제의 본질essence**은 무엇인가?**

2

정리함 씨, 탄원서를 준비하다

사무실에서 일하는 직원들의 관점에서는 브론토사우루스 타워의 문제를 다음과 같이 기술할 수 있다.

어떻게 하면 최소한의 시간과 노력으로 화나는 일 없이 하루 일과를 처리할 수 있을까?

왕공룡 씨의 관점에서는 문제를 다음과 같이 요약할 수 있다.

어떻게 하면 이 빌어먹을 쓸데없는 불만들을 처리할 수 있을까?

만약 이 두 당사자들이 (다른 이들도 있는가?) 협조할 수 없다면, 쌍방이 만족할 만한 해결안은 나올 것 같지 않다. 서로 만나고 싶어하지 않을 것이 뻔하지만, 좀 더 유능한 문제들 해결사라면 이들의 만남을 주

선해야 한다. 물론 그 만남은 이성적인 것과는 거리가 먼 몸싸움이 난무하는 자리가 될 수도 있다.

건물주가 '문제'에 대해 관심을 갖게 하기 위해서 입주사 중 하나인 까다로워 금융회사의 우편물 담당자, 정리함 씨는 탄원을 준비한다. 우편물 담당자의 지위를 이용하면 그는 3층에서 상당수의 서명을 확보할 수 있다. 또한 다른 회사의 우편물 담당자들과 쌓은 인맥을 이용해 서명 목록을 늘리고 있다.

탄원이야말로 왕공룡 씨가 정말 원치 않는 것이기 때문에 정리함 씨는 더 많은 서명을 확보할 필요가 있다. 왕공룡 씨가 보는 '그 자신'의 문제는 직원들의 불만을 제거하는 것이다. 만약 이런 불만들을 단순히 공허한 메아리 같은 일시적인 투덜거림으로 남겨두고 아예 문서로 만들지 않는다면 왕공룡 씨는 불만들을 무시하는 방식으로 문제를 해결하려 할지도 모른다. 누가 알랴? 이 문제는 단지 허상이었던 것으로 밝혀질지도 모르는 일 아닌가? 그러므로 탄원서 4장에 담긴 20명의 서명 목록을 받고서도 왕공룡 씨는 아무 대응을 하지 않는다. 더 정확히 말하면 봉투에 '수취인 불명'이라고 표시하여 돌려보낸다.

우편을 거부하는 방식으로 우편물 담당자를 단념하게 하는 일은 마치 러시아 깃발을 흔들어서 자본주의의 물결을 막으려는 것과 같다. 건물주의 이런 해결 방식은 입주자들을 더욱 화나게 만들 뿐이었다. 결국 입주자들이 들고 일어난다. (그들에게도 생각이 있다!)

이 탄원인 단체는 상황을 무시하는 방법으로 문제를 해결하려는 왕공룡 씨에게 전화를 건다. 비서는 역시 "계시지 않습니다."라고 대답한다.

만약 왕공룡 씨가 이런 전술로 탄원인들을 단념시킬 수 있다고 생각했다면, 안타깝지만 그는 자신에게 대응하기 위해 차근차근 수순을 밟고 있는 우편물 담당자들의 집요함을 너무도 모르는 것이다. 그의 전술에 어떻게 대처할지 몇 차례 논의한 후, 탄원인 단체는 마침내 잘나가 마을에 사는 왕공룡 씨를 방문하기로 결정한다. 자신들의 메시지를 잘 전달하기 위해 피켓 4개, 악취탄 3개를 준비하고 이민 노동자 2명을 동반한다. 왕공룡 씨 부인이 왕공룡 씨에게 날카롭게 소리친다. 이제 문제는 더 이상 허상이 아니다.

입주자 대표와 간단하게 미팅을 한 후, 왕공룡 씨는 이 문제를 조사하기 위해 컨설팅 회사를 고용하는 데 합의한다. 그 대가로 항의 피켓들은 철수되고 이렇게 해서 부인과 연관된 왕공룡 씨의 긴급한 문제는 일단락된다.

시간이 지나간다. 그러나 개선은 없고, 컨설턴트는 흔적조차 보이지 않는다. 짧은 머리, 나비넥타이에 수첩을 들고 질문을 하고 다니는 친구들이 보여야 할 거라고 생각하지 않는가? 최소한 왕공룡 씨는 터틀넥을 입고 계산기를 들고 다니는 조카애들이라도 고용했어야 하는 것 아니냔 말이다.

이 상황을 조사하면서 정리함 씨는 건물주가 컨설팅 회사를 고용하는 흉내조차 내지 않았다는 것을 알아챘다. 잘나가 마을을 날마다 방문할 여유가 없는 입주자들은 새로운 전술을 채택하기로 한다.

우편물 담당자들은 자신들만의 특권을 이용해, 만약 엘리베이터 문제가 해결되지 않으면 미 노동 연맹에서 브론토사우루스 타워에 사무직 노조를 조직하게 될 거라는 소문을 유포한다. 지금까지 각 입주사의 경영자들은 엘리베이터 문제에 대해서 그다지 관심이 없었다. 경영자들은 일찍 출근해서 늦게까지 머무르거나 혹은 늦게 출근해서 일찍 집에 간다. 비서들이 커피를 가져오고, 음식을 나르는 사람들이 있어 점심도 갖다 주고, 우편물 담당자들이 우편물과 기타 중요한 것 들을 그때그때 가져다 준다.

노조에 관한 소문은 일단 퍼져 나가자, 마치 척추를 따라 흐르는 근육의 경련처럼 빠르게 번져 나갔다. 이제 엘리베이터 문제에 대한 이해당사자가 '셋'이 된다. 세 번째 당사자인 경영자들은 두 번째 당사자인 건물주에 대해 그들 나름대로 압력을 가하기 시작한다.

지금까지 어느 누구도 다른 쪽의 문제 정의에 동의하려고 하지 않았다. 혹은 들으려고도 하지 않았다. 그러나 이제 진전의 징후를 발견할 수 있다. 우리는 한쪽이 다른 쪽과 동일하게 아픔을 느끼기 시작하면, 결국 문제의 해결안을 찾게 된다는 것을 알고 있다.

미국 인디언들은 이런 문제 해결 기법을 '모카신 바꿔 신고 걷기'라고 이름 붙였다. 이것은 생가죽 모카신이 젖어 있는 경우에 더욱 효과를 발휘했는데, 두 사람이 상대방의 모카신을 신고 천천히 마르는 것을 느끼며 '충분한 공감대'가 형성될 때까지 걷는 것이다.

이 시점에서 문제가 '어떻게' 해결될지는 예측할 수 없다. 입주자들의 변호사들은 임대를 철회하거나, 문제가 해결될 때까지 임차료를 보류할 수도 있다. 건물주는 할 수 없이 빌딩을 매각하거나 73층에서 뛰어내릴 수도 있다. 그런 해결 방식에는 새로운 문제가 따르겠지만, 한 가지 확실한 것은 이전의 문제들이 오래 지속되지는 않으리라는 것이다.

다양한 결과를 생각해 볼 수 있겠지만, 여기서는 우선 관련 당사자들이 이성적으로 행동할 만큼 냉철하다고 가정하자. 건물주와 변호사들이 만나서 문제의 본질에 대해 결론을 내리려고 한다. 마지막 순간에 직원 대표가 노조가 관여할 위협이 있었다고 자백한다. 잠시 침묵이 흐른 후 모든 당사자들은 이것에 대해 더 많은 정보가 필요하다는 것을 깨닫는다.

왕공룡 씨는 이전의 모든 불만들을 독단적인 믿음을 통해 물리쳐 왔으며, 직원들이 만성적인 불평분자들이라는 기존의 생각에 변함이 없었다.

경영자들은 엘리베이터 문제에 대해서 오랫동안 그리고 심각하게 고민해본 적이 없다. 이제는 꽤 현실적인 일이 되었지만, 그들이 정말로 혐오하는 노동 단체 문제에 비하면 부차적인 일이었기 때문이다.

직원들도 XX 같은 건물주를 엿 먹이려는 욕구에 사로잡혀 엘리베이터 서비스 개선이라는 초기 취지는 까맣게 잊고 있었다.

복잡한 실체를 들여다보지 않더라도 그 미팅에서 당사자들 사이에서 다음과 같은 사항이 논의되었을 것이라고 이야기할 수 있다.

1. 건물주는 시달림을 당해서 불만스럽다.
2. 입주 회사의 경영자들은 직원들의 불만과 그에 따른 노조 결성 위협 때문에 불만스럽다.
3. 직원들은 열악한 엘리베이터 서비스와 건물주가 그들의 탄원을 무시하는 방식 때문에 불만스럽다.

이런 관점에서 적어도 세 가지 문제가 존재한다.
　어떤 관점에서 보아도 문제는 여전히 세 가지다.

1. "무엇이 잘못인가?"를 어떻게 결정할 것인가?
2. 무엇이 잘못인가?
3. 그것에 대해 무엇을 해야 하는가?

첫 번째 질문은 간단히 해결되었다. 정리함 씨가 무엇이 잘못인지 찾아내는 일을 맡았다. 그가 모든 당사자들이 납득할 수 있도록 문제를 정의할 것이다. 이 임무를 위해 3층에서는 그에게 한 달 동안 우편물을 정리하는 일을 면제해 주었다. 선도적 역할을 수행하는 것에 대한 보상이랄까? 자, 이제는 정리함 씨의 문제가 되었다.

당신이 만약 정리함 씨의 모카신을 신었다면 어떻게 할 것인가?

3

당신의 문제는 무엇인가?

일이 당신 뜻대로 풀리지 않고 스스로 계속 "이런, 문제가 있군!" 하고 되뇌던 적이 있는가? 아마도 대부분 사람들이 그럴 것이다. 어떤 사람들은 거의 매일 그럴 것이고. 누군가는 사람들이 느끼는 어려움은 일이 진행되는 방향과 그들이 가야만 하는 방향 간의 불일치라고 말한다. "이런, 문제가 있군!" 하고 말하는 것으로 자연스럽게 이런 상황을 표현하는 것이다. 왜냐하면 문제라는 것은 그런 불일치, 그 이상도 그 이하도 아니기 때문이다.

문제란 바라는 것과 인식하는 것 간의 차이다.

잠깐 독서를 멈추고 고개를 들어 주위를 살펴 보면 아마도 '바라는 것과 인식하는 것 간의 차이'에 대한 수십 혹은 수백 가지 사례를 발견할 수 있을 것이다. 실제로 한번 해보자.

멋진 저녁 식사를 끝내고 편안한 의자에 앉아서 이 책을 펴고 정확히 지금 이 문장을 읽고 있는 바로 당신에 대해 생각해 보자. 편안한 감각이 당신을 사로잡고 있기 때문에 아마 수백은커녕 단 하나의 문제도 생각해내지 못할 것이다. 만약 당신이 조금만 더 예민하게 반응한다면 다음과 같은 인식과 바람 간의 불일치를 깨닫게 될 것이다.

인식	바람
의자가 낡았다.	새 의자
아이들이 떠든다.	조용한 아이들
발이 아프다.	편안한 모카신
집이 너무 춥다.	더 따뜻한 집
집이 너무 덥다.	더 시원한 집

앞의 세 가지 문제는 아주 고전적이지만 효과적인 방법, 즉 '문제 무시하기'로 해결할 수 있다. 이 방법은 우리의 감각을 마비시키는 것과 같다. 어떤 시점이 되면 더 이상 현재 상황과 우리가 바라는 상황 간의 차이를 인식하지 못하게 된다. 더욱이, 지금 인식하게 된 추운 집 문제는 온도 조절기의 온도를 올리거나 지금 같은 에너지 위기의 상황에서는 스웨터를 입으면 대부분 해결할 수 있을 것이다.

그러나 온도 조절기를 보니 온도가 보통 사람이라면 꽤 따뜻하다고 느낄 수 있는 25℃라고 해보자. 당신은 여전히 문제를 안고 있는가? 답이 명백히 "그렇다."라면, 인식하는 온도가 바라는 온도가 아닌 한, 결국 스스로 충분히 따뜻하다고 느끼지 않는다면 객관적 온도를 읽는 것은 아무 소용없다. 이 경우 따뜻함의 문제를 '허상phantom의 문제'로 간주할 수 있을 것이다. 기본적으로 불편함은 인식에 기인하는 문제니까.

그러나 착각하지 마라.

허상의 문제들이 진짜 문제다.

25℃와 너무 춥다는 느낌에 대해 '몸이 아프다.'고 결론 내릴지도 모른다. 침대로 가거나, 약을 먹거나, 물을 마시거나, 혹은 모두 다 하거나, (내년에도 살아 있기 위해) 주치의와 진료시간을 잡을 수도 있다.

어느 경우이건 처음에 '집이 너무 춥다.'로 규정한 문제는 이제 '나는 왜 집이 너무 춥다고 느끼는가?' 혹은 '내 몸에 무슨 이상이 있는가?'와 같은 또 다른 형태로 변환된다.

'맞아. 맞아.' 낡은 의자에 앉아서 당신은 그렇게 중얼거린다. '아이들이 벽에다 쿵쿵거리고, 발이 아프고, 가구에 뭔가 이상이 있어. 낭비할 시간이 없지만, 브론토사우루스 타워의 문제에 어떤 일이 일어났는지 알아내기 전까지는 이 책을 놓을 수 없지. 계속 읽어야 해. 계속.'

좋다. 다시 정리함 씨에게로 가보자. 그는 방금 문제 해결에 관한 책을 읽었다. 그리고 거기에서 다음과 같은 것을 배웠다.

문제란 바라는 것과 인식하는 것 간의 차이다.

이런 심오한 통찰력으로 무장하고 (적어도 우편물 담당자에게는 심오한 것이다.) 정리함 씨는 브론토사우루스의 문제로 돌아왔다. '바라는 것'은 엘리베이터를 오래 기다리지 않는 것으로 정의했다. 그리고 '인식하는 것'은 너무 오래 기다린다는 것이다.

이런 관점으로 보면 바라는 대로 바꾸거나 인식을 바꿔서 문제를 해결할 수 있다. 실제 기다리는 시간을 단축하거나 시간이 더 짧게 느껴지도록 인식을 고칠 수 있다. 이러한 깨달음을 얻을 즈음 정리함 씨는 책에서 이와 유사한 문제에 관해서 읽게 되었다. 그것은 직원들이 일을 마치고 계단을 뛰어 내려가다가 부상을 입는 일이 자주 발생하는 상황이다. 문제는 착지 지점마다 거울을 설치하여 해결되었다. 일종의 허영심을 이용한 것이었는데, 직원들은 거울 앞에서 옷 매무새를 점검하고 가다듬기 위해 출구를 향해 거침없이 계단을 뛰어 내려가는 행위를 그만두었다.

정리함 씨는 생각했다. '아마도 비슷한 방법으로 우리 문제도 해결할 수 있을 거야.' 정리함 씨의 고용주들은 그가 무언가를 제안했다는 것 자체를 좋아했다. 왜냐하면 그동안 그가 없어서 우편물이 제대로 배달되지 않았기 때문이다. 왕공룡 씨도 비용이 많이 들지 않는다는 점에 기뻐했고, 각 층 엘리베이터 옆에 거울을 설치하는 것에 즉시 동의했다. 확실히 불만은 즉각 줄어들었다. 임금이 약간 인상되고 많은 격려를 받은 정리함 씨는 다시 낡은 책상이 놓여 있는 우편 부서로 돌아왔다.

저런. 저런. 고담 시의 지저분한 세상은 문제 해결에 관한 책 속에 있는 고결한 세상과는 전혀 다른 곳이었다. 오래지 않아, 어디에나 모습을 드러내는 공공재산의 파괴자들이 브론토사우루스에는 베르사유보다 거울이 더 많다는 것을 알게 되었다. 몇 주가 지난 후에 정리함 씨는 특별한 임무를 받았다. 거울에 써 있는 낙서들을 처리할 방법을 찾아내라는 것이다. 이전 경험으로 책 속에서 문제 해결 방법을 찾는 버릇에 이미 중독된 그는 새로운 임무를 맡자마자 또 다른 문제 해결 책을 읽었다. 거기에서 그는 문제를 악화시킴으로 문제에서 해결안을 찾는 개념을 배우게 되었다. '아하!' 좋은 아이디어가 뇌리를 스친다. '문제는 낙서 자체가 아니라, 천하고 상상력이 결여된 낙서야. 거울이건 낙서건 사람들이 그것을 보느라 멈춰서 시간을 보내게 할 수만 있다면

되는 것 아닌가? 어느 경우건 그들은 엘리베이터가 얼마나 느린지 인식하지 못할 것이다.'

정리함 씨는 이제 각 층의 엘리베이터 옆에 왁스 크레용을 벽에 매달아 놓을 것을 제안한다. 엘리베이터를 기다리는 동안 누구나 자신이 좋아하는 낙서를 거울에다 할 수 있게 되었다. 다시 한번 임금이 약간 더 인상되고 많은 격려를 받은 정리함 씨는 물질에 대한 정신의 승리를 음미하면서 우편 부서로 돌아왔다.

이런 모든 사건이 일어나는 동안 시간은 지나갔다. 아무도 인식하지 못하는 사이에 브론토사우루스 타워는 첫 번째 생일을 맞이했다. 고담 시의 법에 따라 어느 날 아침 정기 검사를 하러 업리프트 엘리베이터 회사의 엔지니어들이 도착했다.

손에 크레용을 들고 배회하는 직원들 무리를 보는 순간, 엔지니어들은 자신들이 인식하는 것과 바라는 것 간의 차이를 알아차렸다. 그들의 직업적 자긍심이 위기에 처하게 된 것이다. 왜냐하면 그 회사는 다음과 같은 슬로건을 내걸었기 때문이다.

업리프트사는
절대로
엘리베이터가
올라오기를
기다리도록
하지 않습니다.

"제어 부분에 어딘가 이상이 있는 것이 분명한데……." 한 사람이 다른 사람에게 이야기했다. "제대로 작동한다면 업리프트 엘리베이터가 이렇게 많은 사람들을 기다리게 할 리가 없거든."

거기에서 엔지니어들은 문제를 찾기 시작했다. 보라. 엘리베이터 시스템이 장착되던 날, 마스터 중계기에 쥐 한 마리가 갇혔다는 것을 발견한 것이다. 탈출구를 찾아내려는 부질없는 노력 속에서, 그 쥐는 작은 턱으로 온 힘을 다해서 마스터 중계기에 매달려 있던 것이다. 전기 240볼트는 굵어서 서서히 죽어가는 고통에서 쥐를 구원했을 뿐 아니라, 쥐를 미라로 만들어서 마스터 중계기가 계속 닫힌 채로 있게 했다. 비록 약간 혐오스럽기는 했지만 쥐를 제거하고 중계기를 교체하는 것은 간단한 일이었다. 그 이후 엔지니어들이 시스템을 점검하였고 이제 엘리베이터는 업리프트 기준에 적합하도록 작동하게 되었다.

다음 해의 검사를 기약하며 떠나기 전에 엔지니어들은 왕공룽 씨를 방문했다. 그들은 미라가 되어 버린 쥐를 책상에 올려놓으면서 거만하게 이야기했다. "빌딩을 청결하게 유지할 수 없다면 적어도 엘리베이터가 그렇게 느려졌을 때 우리에게 연락을 취할 수는 있잖습니까? 그런 형편 없는 서비스 때문에 입주자를 잃을 수 있다는 것을 모르십니까?"

그러나 왕공룽 씨는 이렇게 생각했다. '음, 결국은 엔지니어들이 단번에 문제를 깔끔하게 해결했군.' 그날 아침 미풍양속 지키기 운동본부에서 보낸, 낙서에 항의하는 탄원서를 접수하면서 그는 이전 해결안의 효력이 막 사라지려 한다는 것을 알았다. 왕공룽 씨는 안도의 한숨을 몰아쉬고는 엔지니어와 함께 정문 쪽으로 나갔다. 시간은 거의 5시가 되어가고 있었다. 그는 개선된 서비스에 대해서 입주자들이 얼마나 만족스러워할지 보고 싶었다.

업무 종료를 알리는 종소리가 끝나자마자 입주사의 직원들이 사무실에서 나와 엘리베이터 쪽으로 몰려갔다. 각자 자기 층에서 가장 먼저 크레용을 집기를 원하고 있었다. 그러나 엘리베이터가 제대로 작동하면서 사람들은 거울에 시답잖은 낙서 한 자 적을 틈도 없이 1층으로 실려 내려갔다. 15분에서 20분 간격으로 몰려들던 수백 명의 사람들이 엘리베이터의 지체가 사라지자 야단법석 운송회사가 처리할 수 있

는 것보다 훨씬 빠르게 지하철 입구까지 다다랐다. 계속해서 몰려드는 인파에 다섯 명이 더위에 기절하고 일곱 명이 하이힐에 발을 밟혀서 병원에 입원했다. 불쌍한 왕공룡 씨도 계단 쪽으로 떠밀려서 역 출입구를 통과해 지하철 플랫폼까지 밀려나왔다.

잘나가 마을로는 지하철이 가지 않기 때문에 왕공룡 씨는 지하철역

에 한 번도 와본 적이 없었다. 적절한 팔꿈치 기술을 연마하지 못한 그는 자신을 방어할 수 없었고 사람들에게 밀려서 열차가 달려오는 철로에 떨어져 버리고 말았다.

왕공룡 씨의 장례식에는 입주사의 경영자들과 직원들이 대거 참석했다. 왕공룡 씨가 비록 약간 욕심 많은 독재자이긴 했지만, 엘리베이터 문제를 해결하려는 시도를 통해 사람들은 그를 알고 존경하게 되었다. 과거에 보였던 견해 차이로 인한 원한 따위는 없다는 것을 증명할 겸 정리함 씨는 입주자를 대표해서 왕공룡 씨를 위한 추도문을 낭독해 달라는 요청을 받아들였다.

정리함 씨는 과거 사건들과 연관된 것으로 추도문을 시작했다. 어떻게 왕공룡 씨를 알게 되었으며 그의 처지를 이해하게 되었는지 이야기했다. 결론에서 정리함 씨는 슬프게 말했다. "엘리베이터 문제가 마침내 해결되던 그 순간, 왕공룡 씨가 갑자기 돌아가시다니 안타깝고 비통한 마음을 가눌 길이 없습니다. 우리는 무엇이 문제인지 절대로 알 수 없습니다, 그 문제가 없어질 때까지는."

후기: 장례식을 끝내고 왕공룡 씨의 무덤에서 울적한 기분으로 걸어내려 오는데, 낯익은 한 노신사가 정리함 씨의 팔을 잡았다. "나는 '이해타산'이라고 하네. 브론토사우루스 타워와 샛길 하나를 사이에 두고 붙어 있는 백화점의 주인이지. 자네가 왕공룡 씨에게 바친 추도문은 정말 감동적이었네."

"감사합니다." 정리함 씨가 진지하게 대답했다. 자신의 메시지가 인상 깊었다는 사실에 기쁘기도 했다. "왕공룡 씨는 제 문제해결 능력을 깊이 신뢰했지만, 저는 정말 제가 왕공룡 씨를 실망

시켰다고 생각합니다."

"이런. 그렇게 자신을 책망하지 말게, 젊은이. 나이가 들면 인생에서 중요한 일에 우리의 영향력이 거의 미치지 못한다는 것을 깨닫게 될 걸세."

정리함 씨가 대답했다. "아마 그럴지도 모르지요. 그러나 왕공룡 씨가 저를 무시했을 때에 제가 쏘아붙인 몇 마디 말에 대해서는 정말 후회가 됩니다."

"어떤 것인가?"

"특히 기억에 남는 건 빌딩을 불태워 버리는 것과 같은 극단적인 제안을 했던 것입니다. 그때는 제가 정말 화가 많이 나 있었습니다."

"그는 결코 그렇게 하진 않았을 걸세. 많은 건물주가 보험료를 챙기려고 자기 빌딩을 불사르곤 하지. 지금 내 사업이 돌아가는 것을 보면서, 나도 그런 생각을 하네."

"사실 그 제안이 왕공룡 씨를 화나게 한 건 아닙니다. 정말 화가 나셨던 때는 제가 옆 빌딩의 엘리베이터 시간을 조금 훔치자고 제안했을 때입니다."

이해타산 씨가 웃었다. "정말 재미있는 이야기군. 어떻게 그런 훌륭한 농담에 그가 화를 냈다는 말인가?"

"그러니까……. 왕공룡 씨는 농담할 때가 아니라고 생각했던 겁니다. 저를 사무실에서 쫓아내더군요. '어떻게 다른 빌딩에서 엘리베이터 시간을 훔칠 수 있단 말인가?' 왕공룡 씨가 제게 물었고 저는 그럴듯한 답을 주지 못했습니다. 그래서 왕공룡 씨가 저를 쫓아낸 거죠."

"음, 그때 자네는 무슨 생각으로 그런 말을 했나?"

"모르겠습니다. 그저 갑자기 머리에 떠올랐는데, 재미있는 것 같아서 그냥 이야기 해 버렸죠."

"안타깝군." 이해타산 씨가 잠시 생각에 잠겼다. "만약 자네가 한 빌딩에서 엘리베이터 시간을 훔쳐서 다른 빌딩에서 이용할 수 있게 했다면, 자네에게 줄 선물이 있었네만."

"무슨 말씀이신지?" 정리함 씨가 물었다.

"아, 요즘 내 사업이 영 신통치 않아서 매장 엘리베이터를 이용하는 사람이 거의 없거든. 브론토사우루스 타워 바로 옆에는 쓸모 없이 남아도는 엘리베이터들이 있다는 것이지."

"그렇다면 이해타산 씨!" 흥분에 싸여 정리함 씨가 말을 가로챘다. "두 빌딩 사이에 연결 통로를 한두 개 만들어서 붐빌 때는 당신 빌딩의 엘리베이터를 이용하도록 할 수 있지 않았겠습니까? 사실 진작 할 수도 있었던 일 같습니다만."

"왕공룡 씨만 살아 있었다면……." 이해타산 씨가 잠시 생각에 잠겼다. "상점에 사람들을 끌어 모으기 위해서라도, 비용을 내가 모두 부담해서라도 그런 연결 통로를 만들자고 제안할 수 있었을 텐데. 자네 건물에 있는 사람들이 우리 엘리베이터 시간을 훔쳐 준다면야 내겐 기쁨 그 이상이었을 걸세."

정리함 씨가 밝게 말했다. "그렇다면 모든 게 다 끝나진 않았습니다. 아마도 왕공룡 씨보다 왕공룡 씨의 상속자들이 오히려 그 아이디어에 좀 더 긍정적일 겁니다." 그리고 정말 그랬다. 여기서 정리함 씨는 소중한 교훈을 또 하나 얻는다.

유머 감각이 없는 사람의 문제를 해결하려고 노력하지 말라.

제2부

그것은
어떤 문제인가?

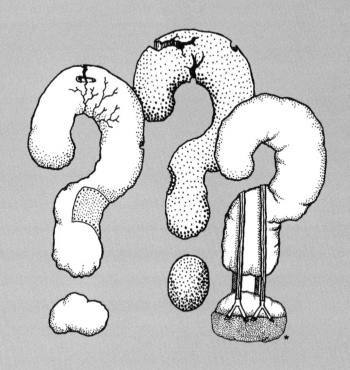

4

영리함 씨,
최상의 입찰 조건을
찾아내다

컴퓨터 분야는 문제 정의에 대해 학습하기에 좋은 장場이다. 다음 이야기에 등장하는 고객은 한 대기업이고, 상대해야 할 사람들은 그 회사의 사장, 부사장 그리고 재무 담당 임원이다. 문제를 제공하는 그룹이 이와 같이 고위층이라는 것에서 그 문제의 크기를 대략 짐작할 수 있다. 그들이 제시한 문제는 수천만 달러에 달하는 정부의 잉여 자산을 구매하는 것이었다.

구매는 비공개 입찰을 통해서 진행된다. 총 11개 자산에 대한 입찰에 네 기업이 참여했다. 물론 모든 자산이 다 탐낼 만한 것은 아니었다. 네 기업 중 아무도 원치 않는 물건들도 있었다. 그러나 정부는 모든 자산이 실제로 다 팔릴 수 있도록 복잡한 규칙의 조합을 교묘하게 만들어 냈다.

예를 들어 입찰을 하기 위해서 각 기업은 11개 자산의 입찰에 모두 참여해야 한다. 만약 어떤 물건에 대해서 입찰가격을 상대적으로 너무

누가 무엇을 가질까?

낮게 제시하는 경우에 그 금액은 자동으로 미리 정부에서 책정한 최솟값으로 올려지게 된다. 그 밖의 규칙들은 가장 인기 있는 자산과 가장 인기 없는 자산들을 묶어 놓기 위한 것들이었다. 결과적으로 각각의 자산 입찰에 승리하는 것이 최선이 아니라, 어떻게 자산들을 조합했을 때 가장 만족스런 입찰 가격을 제시할 수 있는지 생각해야 한다.

큰 금액이 걸린 일이었고, 매우 불확실한 일이었기 때문에 임원들은 근심과 그보다 더한 호기심 때문에 안달이 날 지경이었다. 그 주가 끝나는 시점에 한 정부 직원이 임원들에게 제안을 하는데, 그것은 상당한 금액을 지불하면 비공개 입찰의 전체 내역을 확인할 수 있고 입찰 가격을 변경할 수 있는 기회를 준다는 내용이었다.

임원들은 돈을 지불하고 다른 입찰 가격들을 확인해 보았다. 그러나 당황스럽게도 규칙이 너무 복잡해서 여전히 누가 어떤 자산을 가져가게 될지 알 수가 없었다. 마지못해 외부 도움을 요청했을 때에는 이미 시간을 모두 허비하고 24시간밖에 남지 않았다. 재무 담당 임원은 지치고 절박한 심정으로 컴퓨팅 서비스 업체에 도착하였다. 그러나 그는 쉽게 포기하는 사람이 아니었다.

매우 총명한 책임자를 만나고 확신을 얻은 임원은 영리함 씨가 이끄는 컴퓨터 프로그래머 그룹을 소개받았다. 그 임원은 문제를 해결할 컴퓨터 프로그램에 대한 청사진을 이야기하였고 영리함 씨는 그것을 주의 깊게 들었다. 그는 곧 자산 11개와 입찰 4세트가 있으므로 4^{11}, 약 4,000,000가지의 서로 다른 조합이 있을 수 있다는 것을 간파했다. (이런 종류의 추정 능력은 문제 해결사에게는 필수다. 그 숫자가 어떻게 나왔는지 모르겠다면 그냥 믿으라고 말하고 싶다. 아니면 수학을 잘하는 친구에게 물어보든지.)

4,000,000 조합은 각각 정부가 벌어들일 총수입을 나타낼 것이고, 정부는 아마도 모든 규칙을 따르면서 국고에 가장 많은 돈을 더해줄 조합을 찾으려고 할 것이다. 그 임원의 계획은 컴퓨터로 4,000,000가지 모든 입찰 조합을 생성한 후, 우선 가장 높은 금액부터 순서대로 정렬해 보는 것이었다. 그리고 나서 임원회의에서 모든 규칙을 만족시키는 최고 금액을 찾아내기 위해 그 결과를 처음부터 끝까지 자세히 검토할 것이다.

입찰 가능성 보고서

	자산 번호											정부 수입
	1	2	3	4	5	6	7	8	9	10	11	
어느 회사가 어느 자산을 가져가는가?	B	C	A	A	D	B	D	A	A	C	B	$187,926,351
	C	B	A	A	D	C	D	B	A	C	B	$184,897,680
	C	B	B	A	D	C	C	B	A	B	D	$183,102,395
	D	B	B	A	D	B	C	B	B	B	D	$180,090,444
	B	C	A	A	D	B	D	A	A	C	B	$179,580,604
	B	C	A	B	D	C	D	A	A	B	C	$177,203,945
	D	B	A	B	C	C	D	A	B	B	C	$174,381,509
	C	C	B	D	B	A	B	D	A	D	B	$171,284,137

기타 등등,

기타 등등...

4백만 가지 이상

등등

겨우 24시간이 남았고, 컴퓨터 계산에도 어느 정도 시간이 필요하므로 계획의 타당성 따위를 가지고 왈가왈부할 시간은 없었다. 일단 입찰이 개시되면 모든 일은 허사가 될 수도 있다. 그런데도 영리함 씨는 그 방법이 쓸데없을 정도로 미숙하다고 생각했다. 그 방법은 문제 해결사의 세련된 감각에 거슬리는 것이었다. 영리함 씨는 정부의 규칙에 대한 정보가 약간만 있다면 컴퓨터 계산 작업을 10분의 1로 줄일 수 있다고 설명했다. 만약 계산 시간을 대폭 줄일 수 있다면, 대상 목록은 훨씬 적어지고 임원들은 시간 여유를 더 많이 가질 수 있다.

재무 담당 임원은 최소한의 정보 이상의 것을 제공하는 것에 대해 주저했다. 그러나 좀 더 빠른 방법을 통해 변경된 입찰 결과까지도 예측할 수 있다는 말에 결국 마음을 움직였다. 일단의 프로그래머 그룹이 재무 담당 임원이 제안한 방식에 따라 작업을 시작하고, 어떤 일이 있어도 입찰 규칙이 회사 밖으로 유출되어서는 안 되기 때문에 영리함 씨만 재무 담당 임원을 따라나가 입찰 규칙을 검토하기로 합의했다.

영리함 씨가 나간 후, 다른 프로그래머들은 잠시 무언가 양심에 거리끼는 것을 느꼈다. 그 임원이 말을 돌리면서 결코 인정하지는 않았지만 비공개 입찰에 대한 정보는 모종의 불법 거래를 통해 유출된 것이다. 누구도 그것이 불법이라고 분명하게 말하진 않았지만 그런 떳떳하지 못한 거래에 참여하는 것이 도덕적으로 정당한 것일까?

그런 고민이 적지 않았기 때문에 그 그룹은 자신들의 관리자에게 의문을 제기했다. 관리자는 간과했던 도덕적 정당성에 대한 문제를 간과했지만, 이번 의뢰인이 그 그룹에게 세 번째로 큰 고객이므로 이 프로젝트를 거절하기가 매우 어렵다고 했다. 어쨌든 가장 빠르고 믿을 만한 프로그래밍을 통해 최소한의 시간에 목록 4,000,000개를 뽑아내는 기술적인 부분에 대한 매력이 컸기 때문에 결국 그 도덕적인 문제는 흐지

부지 뇌리에서 사라지게 되었다. 그렇게 해서 대부분의 전문 문제 해결사들이 그러한 것처럼 그 그룹도 이런 도덕적 문제를 회피했다. 그들은 그런 문제를 처리하는 법을 배운 적도 없었으므로 어쨌든 그냥 기술적인 면에만 집중했다. 그것이 그들의 직업이었다. 그렇지 않은가?

양심 문제를 묻어 놓은 지 20분쯤 지나서 영리함 씨가 의뢰인의 임원실에서 돌아왔다. 프로그래머들은 영리함 씨에게 그동안 자신들이 생각해낸 교묘한 방법을 보여주고 싶었다(이를 통해 작업 비용을 약 900달러 줄일 수 있을 것이다). 그러나 영리함 씨는 손을 저어 말을 막았다. 그러고는 자신이 어떻게 몇 분 내에 입찰 규칙을 검토하고, 약간의 공식을 활용한 논리와 아주 기본적인 상식을 적용해서 그 문제를 5분 안에 풀어내고 왔는지 그룹에게 보여주었다.

대기업 임원들이 수일간 고민한 문제에 대해서 영리함 씨가 정말 해결안을 찾아냈다는 것을 그 임원들에게 확신시키느라 20분 남짓 걸렸던 게 틀림없다. 그러나 이것은 영리함 씨에게 정말 가치 있는 시간이었다. 그는 여기서 문제 정의에 대한 중요한 교훈을 두 개 얻었다.

문제 정의를 위해 문제를 제시한 쪽의 방법을 선택하지 말라.

그리고

만약 문제를 너무 쉽게 해결한다면, 문제를 제시한 사람들은 결코 당신이 진짜 문제를 해결했다고 믿지 않을 것이다.

후기: 만약 영리함 씨가 도덕적 이슈에 대한 프로그래머 그룹의 고민을 목격했다면 그 자신에게도 해당될 수 있었던 또 다른 교훈을 얻을 수 있었을 것이다.

영리함 씨, 할 말을 잃다

두말할 것도 없이 영리함 씨의 프로그래머 그룹 사람들은 입찰 프로젝트를 제대로 시작하기도 전에 끝내버린 것에 대해서 매우 실망스러워했다. 그러나 사실 이야기는 생각대로 흘러가지 않았다. 비록 당시에는 그가 눈치채지 못했지만. 이후 영리함 씨는 다른 컴퓨터 센터로 옮겼는데, 그곳에서는 연산능력이 더 강력한 컴퓨터를 썼다. 새 사무실에 대해 소개받는 동안 영리함 씨는 패키지 프로그램(다양한 경우에서 발생하는 표준화된 문제를 해결하기 위해 미리 작성된 프로그램)을 담당하는 연구원과 이야기하게 되었다.

그 연구원이 그에게 말했다. "물론 이 패키지 프로그램들의 가장 큰 장점은 비용절감입니다만 그 밖에 다른 장점들도 있지요."

"특수 기능이라든가 더 강력한 데이터 점검 기능 같은 것 말인가요?" 영리함 씨가 물었다.

"그렇습니다. 그런 것도 포함됩니다. 그러나 저는 좀 더 재미있는 상황을 생각했습니다. 말하자면, '해결안을 얻는 데 걸리는 시간'이 매우 중요한 경우 같은 것이죠. 작년에 우리의 주요 고객 중 한 곳에서 정부 자산에 대한 입찰 건에 관한 문제를 받은 적이 있습니다. 그들은 다른 회사들의 입찰 정보를 입수한 것 같았는데, 이해하시겠지만 어떻게 얻었는지는 물어보지 않았습니다. 그들은 어떻게 하는 것이 최선인지 알고 싶어했습니다. 원하는 자산을 확보하고 자잘한 것들은 버리기 위해서 필요하다면 그들의 입찰 내역을 바꿀 수도 있었습니다.

순간 작은 전구 하나가 영리함 씨의 뇌리에 반짝였다. 아무것도 모르는 듯한 목소리로 그에게 물었다. "그 밖에 몇 회사나 참여했는지 아십니까?"

"세 곳이 더 있었습니다. 그러나 서로 다른 자산이 11개나 있었기 때문에 엄청난 숫자의 조합이 가능했습니다."

"약 4,000,000."

"와! 빠르시군요. 예, 약 4,000,000이었습니다. 그리고 시간이 없었기 때문에 그것들을 모두 열거해 볼 수는 없었습니다. 더욱이, 그 입찰에는 온갖 이상한 조건들이 붙어 있어서 짧은 시간에 프로그램을 짜는 것을 더욱 어렵게 만들었습니다.

"그래서 어떻게 했나요?" 영리함 씨는 정말 궁금해졌다.

"거기에 핵심이 있습니다. 바로 패키지를 사용한 것입니다. 이틀 만에 우리 회사의 선형liner 프로그래밍 전문가가 그 문제를 패키지에 적합한 형태로 전환했습니다. 그리고 나서 컴퓨터 계산을 하여 불과 몇 시간 만에 원하는 답을 얻을 수 있었지요. 그렇게 기뻐할 수가 없더군요. 하긴 수백만 달러가 걸린 일이었으니까요."

"정말 재미있군요. 전체 작업 비용은 얼마 들었습니까?"

"그 부분에 또 다른 강점이 있습니다. 선형 프로그래밍 전문가의 이

틀 치 작업 비용이 400달러, 그리고 컴퓨터 사용에 따른 비용 1,000달러가 추가된 정도입니다."

"그래서 겨우 1,400달러에 답을 얻을 수 있었다는 이야기군요."

"그것도 겨우 3일 만에 답을 얻을 수 있었다는 거지요. 그것이 바로 제가 이야기하는 패키지 프로그램의 가치입니다. 패키지 프로그램은 실질적으로 해결할 문제들을 기다리고 있는, 이미 만들어진 해결안들이라고 해도 무방할 것입니다."

영리함 씨가 맥없이 말했다. "그렇군요. 충분히 그렇게 말할 수 있겠네요."

영리함 씨는 전에 자기가 생각했던 문제 정의 교훈을 확장시켜 생각하고 있었다.

해결책이 있다고 해서 문제가 정의됐다고 보지 말라. 특히 그것이 당신 자신만의 해결안일 경우에는 더욱.

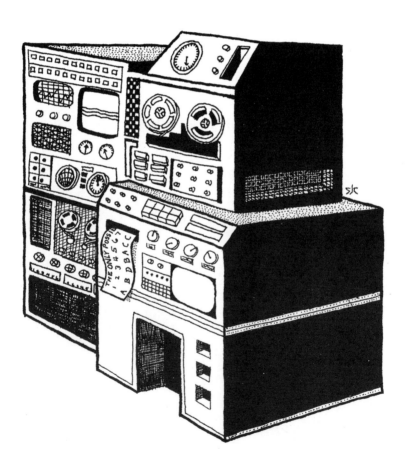

THE ONLY POSS
1 2 3 4 5 6 7
A B D B A C C

6

영리함 씨,
입찰 문제로 돌아오다

연산 담당 연구원의 방에서 나올 때, 영리함 씨의 머릿속을 채우고 있었던 것은 그 연구원의 기대처럼 패키지 프로그램에 관한 것이 아니었다. 그 대신 훨씬 복잡한 문제들이 머릿속에 소용돌이 치고 있었다.

'나머지 두 회사는 어땠을까?'

'그 회사는 누가 문제를 해결했으며, 비용은 얼마나 들었을까?'

'모든 것이 바뀌어 버린 최종 입찰이 공개되었을 때 어떤 일이 일어났을까? 모두들 놀라지 않았을까?'

'비공개 입찰 내역을 판 사람들에게 어떤 일이 일어났으며, 그들은 또 어떻게 조치를 취했을까?'

영리함 씨는 마음이 안정되지 않았다. 이미 모든 것을 알고 있다고 판단하고, 문제를 접어버린 것이 벌써 1년 전이었다. 이제야 그는 깨달았다. 자기가 아는 유일한 사실은 그 문제가 당시 생각했던 것과는 다른 문제라는 것을. 그것은 4,000,000가지의 조합을 나열하는 문제가 아니었다. 그것은 기호 논리학이나 상식의 문제가 아니었다. 선형 프로그래밍 문제는 더욱 아니었다.

문제는 아마도 이러할 것이다. 모든 사람이 자신의 입찰 내용을 바꾸면서 자신만이 그런 권리를 산 사람이라고 생각하고 있다. 이런 상황에서 당신은 입찰 내용을 어떻게 바꿀 것인가? 그렇지만 그것도 말이 안 된다. 왜냐하면 만약 한쪽에서 그렇게 할 수 있는 상황이라면 나머지도 충분히 그럴 수 있기 때문이다.

그렇다면 문제는 더욱 심오해진다. 다른 회사들이 자신들의 입찰 내용을 바꾸고 있다는 것을 당신이 이미 알면서 그 입찰 내용을 바꾸고 있다는 것을 다른 회사들도 알고 있다. 이런 상황에서 다른 회사들이 입찰 내용을 바꾼다면, 당신은 어떻게 입찰을 변경할 것인가? 그러나 그것은 처음의 비공개 입찰과 동일한 것 아닌가?

그러나 잠깐! 만약 한 회사가 다른 회사들이 자신의 입찰 내용(이 입찰 내용은 나중에 바뀔 것이다.)을 볼 것임을 안다면, 첫 번째 입찰 내용으로 다른 회사들을 오도하려고 할 것이다. 네 회사 중 한 회사만이 자신의 비공개 입찰 내용을 미끼로 하여 믿게 하는 것으로 다른 회사들을 탈락시키려고 시도했을까? 아니면 모두 그랬을지도? 그런 경우, 문제는 남들이 알아채지 못하도록 하면서 다른 회사들을 당신이 원하는 방향으로 오도할 수 있도록 첫 번째 입찰 내용을 작성하는 것이다.

영리함 씨의 머릿속은 욕조 하수구로 빨려 들어가는 물처럼 소용돌이치고 있었다. 욕조에 물이 막 비워지려는 순간 또 다른 생각이 그의 뇌리를 스쳤다. 만약 문제가 그런 것이고 따라서 첫 번째 입찰이 다른 이들을 오도하려고 작성된 것이라면, 가장 좋은 전략은 입찰 내역을 무시하고 문제를 그냥 비공개 입찰로 취급해 버리면 그만 아닌가? 영리함 씨의 탈진된 머릿속에 남은 것치고는 너무나도 허무한 결과였다. 그는 가까이에 있는 의자에 걸터앉았다. 너무 어지러워서 엉덩방아를 찔 뻔했다. 그는 문제 해결에 관한 친청한 교훈은 다음과 같은 것이 아닐까 생각했다.

문제가 해결된 뒤에라도, 정확한 정의를 내렸다고 결코 확신하지는 말라.

이렇게 생각을 정리하고서야 영리함 씨는 간신히 자신을 추스를 수 있었다. 그러나 새로 이사 온 아파트를 향해 걸어가면서 영리함 씨는 이 교훈에 대해서 다시 한번 생각해 보았다. 나의 문제가 이 모든 것에서 이 교훈을 찾아내는 것이었다고 생각해 보자. 그리고 이것이 진정한 교훈이라면, 나는 내가 정말로 맞는 문제를 풀었는지 확신할 수 없다. 그렇다면 이것이 또한 진짜 교훈인지도 확신할 수 없다. 영리함 씨는 옹벽에 걸터앉아서 로댕의 생각하는 사람의 자세를 취했다. 저녁 시간이 지나갔다. 노을 지는 석양의 아름다움도 영리함 씨는 보지 못했다. 가로등이 켜지고 차들이 늘어났다가 줄어들더니 다시 늘어났다가 줄어들었다.

마침내 한 청소부가 쓰레기통과 빗자루를 챙겨놓고 가면서 영리함 씨에게 조용히 물었다. "이봐요, 괜찮으세요?"

영리함 씨는 깜짝 놀랐어야 했지만 그러지 않았다. 오히려 청소부의 말 덕분에 복잡하게 엉킨 생각의 실타래를 풀 수 있었다. "어……. 아니요. 아니요. 저는 괜찮지 않아요. 하지만 그건 괜찮습니다. 정말 감사합니다."

그렇게 일어나서 어리둥절해하는 청소부에게 악수를 청하고는 조용히 집으로 향하며 생각했다. '왜 그랬을까? 나는 어째서 그 입찰의 경우들을 추적해보면, 결국 정부의 계산에 오류가 있다는 것을 발견할 거

문제가 해결된 뒤에라도, 정확한 정의를 내렸다고 결코 확신하지는 말라.

라고 단정했던 걸까. 그래서 모든 계산과 계략도 결국 쓸데 없는 일이라고 단정지은 건가. 네 회사가 계산 결과에 대해서 정부에 이의를 제기할 상황이 못 되었던 것은 결국 그들이 모두 부정을 저질렀기 때문이 아닌가? 만약 한 회사가 처음부터 도덕적인 선택을 했다면, 그들은 결백을 유지하면서 이익도 얻게 되었겠지. 우리가 항상 기억해야 할 교훈은 이거야.'

성급하게 결론에 도달하지 말라. 그러나 처음 느낌을 무시해서도 안 된다.

이건 더 심오한 교훈이었다. 비록 그가 진짜 문제가 뭔지 정의하면서 몇 차례 바보짓을 했지만, 스스로 괜찮은 선택을 했다는 것을 깨닫게 해 주었다. 그가 답을 찾고 있던 핵심적인 질문은 간단히 다음과 같았다.

대체 뭐가 문제인가?

여기서 영리함 씨를 비롯한 여러 사람들이 범한 오류는 어떤 문제가 매우 중요한 의미를 가진다면 그에 대한 답 또한 심오할 것이라는 생각이다.

'아니지.' 영리함 씨는 아무 생각 없이 메일함을 비우면서 혼잣말로 중얼거렸다. '결코 그런 게 아니야.' 문제들을 다룰 때 정말로 중요한 것은 어떤 질문도 결코 답이 없다는 것을 인식하는 것이다. 그러나 그것은 결론에 대해 끊임없이 의문을 제기할 수 있다면 아무런 문제가 되지 않는다. 문제에 대한 궁극적인 정의, 즉 진정한 답을 찾았다고 자신을 기만하지 않는 한 궁극적인 답을 얻었다고 생각하는 것은 불가능하다. 그리고 그렇게 생각하는 것은 항상 잘못된 것이다. 왜냐하면 '최종적인 해결안'이라는 것은 존재하지 않기 때문이다. 이렇게 해서 영리함 씨는 마음의 안정을 찾았다.(생각을 중단한 것은 아니고 잠시 동안 안정을 취할 수 있게 된 것이다.) 한숨 푹 자고 난 다음날 영리함 씨는 시내로 가서 동판을 하나 구입해 다음과 같은 글귀를 새겨 넣고 그것을 책상 위에 올려놓았다.

정확히 정의 내렸다고 결코 확신하지 말라. 그러나 그것을 얻기 위한 노력은 계속해야 한다.

후기: 영리함 씨와 이 입찰에 대한 이야기는 실화다. 다만 지금까지 숨
겨져 왔기 때문에 외부 세계 사람들이 모른 것뿐이다. 그러나 이
세상 어딘가에 이 이야기가 어떤 것인지 눈치챌 수 있는 문제 해
결사가 적어도 두명은 더 있을 것이다. 오랜 시간이 지난 뒤 이
이야기를 공개하게 된 이유는 문제를 좀 더 정확하게 정의하려는
끊임없는 탐구에 자그마한 도움이라도 더하기 위해서다. 우리가
그들에게 어떤 이야기를 들을 수 있을까? 아무도 모르는 일이다.

제3부

정말로
무엇이 문제인가?

7

끝없는 사슬

한 대규모 컴퓨터 제조업체에서 지금까지 나온 것 중 가장 빠르고 정확한 프린터를 개발하고 있었다. 새로운 기술을 써서 속도를 빨리하는 문제는 쉽게 해결했으나, 설계 부서 사람들은 프린터의 정확도를 확보하는 데 여전히 문제를 안고 있었다. 선이 구불구불하게 나오거나, 어쩌다 선이 똑바르면 앞서 출력한 문서와 줄이 맞지 않는 문제가 발생했다. 시험 때마다 설계자들은 정확도를 측정하기 위해 출력된 결과들을 평가하는 데 많은 시간을 소비했다.

그 부서에서 가장 어리지만 가장 똑똑해 보이는 참신함 씨는, 컴퓨터 프린트 용지에 8인치 간격으로 표식을 새겨 넣거나 표시할 수 있는 도구를 개발하자고 제안했다. 그 도구로 만들어진 표시를 기준으로 하면 정렬과 관련된 오류를 빠르고 정확하게 측정할 수 있을 것이다.

그룹원 중 몇 명은 도구를 만드는 생각에 동조했으나 대부분은 종이에 표시하는 유일한 방법은 '프린터를 이용하는 것'이라는 생각에 빠져 있었으므로 기존 방식을 고집했다. 그들은 프린터를 설계한 경험이 많은 사람들이었으므로 오직 자신들의 생각만이 당연한 것이었다. 반면, 참신함 씨는 프린터에 대한 경험이 적은 편이었기 때문에 놀랍고도 효과적인 새로운 접근 방식을 제안할 수 있었다. 그의 최종적인 해결안은 다음 그림에 나오는 알루미늄 막대이다. 거기에는 정해진 지점에 정확히 작은 구멍을 낼 수 있도록 작은 핀들이 붙어 있었다.

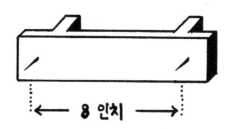

이 도구는 만들기 쉬웠을 뿐 아니라 견고하고 정확했다. 이전에 표준 간격을 설정하기 위해 소비하던 시간들을 더 생산적인 일에 쓸 수 있게 되었다. 참신함 씨의 상사는 무척 만족스러웠다. 몇 주간 이 도구가 가져온 노동력 절감을 확인한 그는, 참신함 씨를 회사에서 수여하는 특별상 대상자로 추천하기로 결정했다. 상사는 작업장에서 그 도구를 하나 집어다가 사무실에 가져다 놓고 보고서를 작성하면서 자세히 살펴보고 있었다.

불행히도 참신함 씨의 상사는 그 도구를 책상에 놓을 때 처음 그림처럼 옆으로 돌려놓지 않고 다음처럼 다리가 아래로 오도록 세워서 놓아두었다.

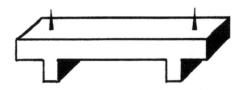

만약 참신함 씨의 상사가 인도에 가서 고행자들이 바늘 침대에 앉아 있는 것을 본 적이 있었다면 도구를 그런 식으로 놓지는 않았겠지만, 하여간 그는 그것을 그렇게 놓았던 것이다. 만약 부장님이 고행자였더라면 참신함 씨가 받게 될 상에 대해서 가벼운 담소를 나누기 위해 책상 모서리에 앉았을 때 아무렇지 않았을지도 모른다. 그러나 저런! 그 어느 것도 해당 사항이 없었고 정확히 8인치 떨어진 바늘구멍 두 개가 부장님의 둔부에 생기는 순간, 전 부서원은 그 비명소리에 놀라고야 말았다.

다행히도 부장님은 바늘구멍이 생겨난 자리에 충분한 두께의 지방층을 확보하고 있었다. 그러나 어쨌든 참신함 씨가 상을 받을 수 있는 기회는 부장님의 엉덩이에 생긴 구멍과 함께 날아가 버리고 말았다. 아마도 그 부장님은 참신함 씨를 그 도구와 함께 던져 버리고 싶었겠지만 참신함 씨의 상사가 그 도구에 대한 간단한 수정을 제안하는 것으로 그런 상황은 모면할 수 있었다. 그것은 다리 부분을 반원형태로 갈아내어 바늘이 위험하게 위쪽을 향해 서 있지 못하도록 한 것이다. 이 도구는 이제 다음 그림에서 보이는 것과 같은 형태로만 놓일 수 있었다.

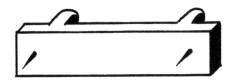

모든 문제는 인식하는 상태와 바라는 상태의 차이이므로 어떤 상태에서 문제를 해결했을 때, 보통 하나 혹은 그 이상의 또 다른 문제를 야기한다. 이것을 간단히 다음과 같이 표현해 보자.

각각의 해결안은 다음 문제의 근원이다.

우리는 결코 문제들을 제거할 수 없다. 문제들, 해결안들 그리고 새로운 문제들이 끝없는 사슬을 구성한다. 우리가 바랄 수 있는 최고의 기대는 새로운 문제가 우리가 해결한 문제보다 덜 성가신 것이었으면 하는 것이다.

이따금 우리는 그 문제들을 다른 사람의 뒷마당에 가져다 놓는 것으로 문제를 완화시킨다. 이런 기법을 문제 대치Problem Displacement라고 하는데, 의식적으로 그리고 양심적으로만 이루어진다면 매우 유용한 방법이 될 수 있다. 그러나 많은 새로운 문제들은 우리가 의식하지도 못하는 사이에 생겨난다.

이렇게 미처 의식하지 못하는 것들이 많아지면 다음과 같은 현상과 자주 마주치게 된다.

어떤 문제들에 접근할 때 가장 어려운 부분은 일단 문제의 존재를 인식하는 것이다.

일단 그 도구의 위험성을 인식했다면, 우리 마음속에 여러 해결안이 떠올랐을 것이다. 실제로 그 도구를 매일 사용하던 설계자들은 참신함 씨의 도구가 다리를 아래를 향해 서 있을 경우에 위험할 수 있다는 것을 인식하고 있었다. 때문에 그들은 도구를 꼭 옆으로 놓는 버릇을 들이게 되었지만 다른 사람들이 그 도구를 사용할 수 있다는 것까지는 생각하지 못했다.

그 설계자들과 달리 다른 사람들은 그 도구의 위험성을 잘 알지 못했기 때문에 그 위에 앉거나 손을 찔리기가 쉬웠다. 설계자들은 자신들의 안전 문제는 인식하고 있었으나 그것이 다른 사람들의 문제도 될 수 있다는 것은 인식하지 못했다. 문제 대치의 또 다른 경우다.

다리 끝을 둥글게 한다고 해서 새로운 문제가 생기지 않을 것이라고 확신할 수 없다. 어떤 문제가 있었을지 생각해 보아라.

아니면 '어떤 문제들이 있을 수 있을까?'를 생각해 보는 것이 맞을 수도 있겠다. 인간에게 쌍둥이나 세 쌍둥이는 흔하지 않지만, 문제들의 세계에서는 문제가 세 가지 이하로 발생하는 것이 오히려 흔치 않은 일이다. 문제 해결사가 되려고 하는 사람들이 알아야 할 가장 중요한 규칙 중 하나가 이것이다.

문제를 이해할 때, 잘못될 수 있는 경우를 적어도 세 가지 이상 생각해 내지 못한다면 당신은 문제를 이해하지 못한 것이다.

문제의 정의에서 간과할 만한 것들이 수백 가지는 될 것이다. 그 중에서 세 가지조차 생각해낼 수 없다면, 이것에 대해 당신이 생각할 수 없다기보다 오히려 전혀 생각해보지 않은 거라고 단적으로 말할 수밖에 없다.

여러분은 지금 그 위험한 도구에 대해서 상사가 제안한 해결안이 문제를 일으킬 세 가지 경우를 생각해낼 수 있는가?

그것이 적절하지 않은
세 가지 이유를 생각하라

부적합을 발견하지 못하다

앞서의 사례와 같이 새로운 도구로 인해 문제가 발생한 경우에서, 우리는 그 도구를 만든 사람보다 오히려 엉덩이를 찔린 사람을 탓하는 경향이 있다. 참신함 씨가 만든 도구는 매우 제한된 용도를 위한 것이기 때문에 예외적인 사항이라고 할 수 있다. 보통 설계 결함이 매우 뚜렷하게 나타났을 시점엔 이미 설계자들은 더 이상 이해당사자가 아니다. 만약 그 표시기가 개인 용도로 사용하는 것이 아니라, 이미 널리 판매되는 것이었다면 앉을 때 주의하지 않았다는 이유로 오히려 다친 사람이 비난을 받았을 것이다. 기껏해야 그 도구의 바늘이 위쪽으로 가도록 세워 놓은 사람을 다른 사람의 안전을 생각하지 않았다고 나무라는 정도였을 것이다. 그러나 만약 그 도구가 시장에서 팔린다면 우리는 수천 명이 넘는 사람들이 다치지 않고 그 도구를 사용해왔다고 가정할 수 있다. 만약 그들이 다쳤다면 당연히 불만을 토로하지 않았겠는가?

대치의 문제는 설계자들의 존재로 인해서 복잡한 양상을 띠게 된다.

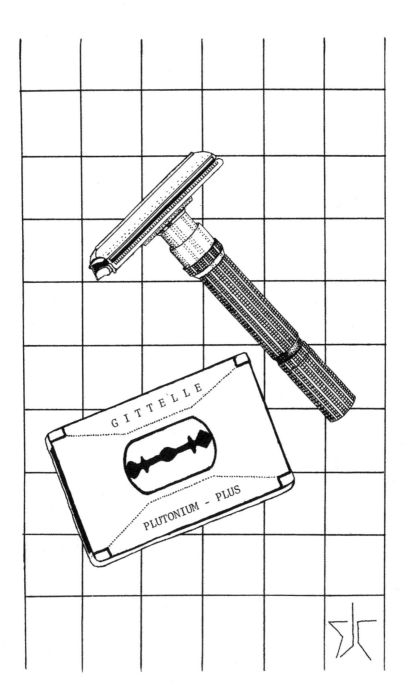

그들은 남들을 위해서 미리 문제를 해결하는 사람이다. 설계자들은 앞서 나온 건물주처럼 자신들의 결정이 미칠 결과를 경험할 일이 거의 없다. 그 결과, 설계자들은 계속해서 부적합한 것을 생산해낸다. 이런 부적합한 것들도 일종의 해결안이라고 볼 수는 있지만 이런 해결안은 이것을 받아들이는 사람들에게 많은 혼란을 야기한다. 그리고 어떤 부적합들은 극히 위험하기도 하다.

옛날에는 남자들도 면도를 하지 않았다. 그 후 이러저러해서 그들은 턱수염과 쾌적함 사이의 부적합을 인식했고, 스스로 면도를 하거나 남에게 면도를 시키게 되었다. 면도날의 날카로움으로 인해 다치는 일이 종종 생겼고, 이것은 일회용 날이 달린 '안전 면도기'가 발명될 때까지 흔히 일어났다. 안전 면도기 덕분에 면도를 하는 자신은 다치는 일이 없어졌는데, 그 반면 그들의 아내나 하인이 날을 버리는 과정에서 베이는 일이 잦아졌다. 그리고 아무렇게나 놓아둔 날로 인해 아이가 다치는 일도 자주 일어났다.

결국 다 쓴 날을 처리하기 위해 구급상자에 홈을 만들어서 활용하게 되었다. 그런 구급상자가 있는 곳에서는 적어도 여자와 아이들은 상대적으로 안전했다.(여자들이 어떤 이유로 다리와 겨드랑이를 면도하기 전까지는 그랬다.) 그럼에도 수십 년간 많은 사람이 면도날을 면도기에서 꺼내 그 홈에 집어 넣는 과정에서 손가락을 다치곤 했다. 수백만의 남녀가 배수구나 하얀 수건 위로 똑똑 떨어지는 피를 보면서 생각했다. '도대체 이 면도날들을 처리할 다른 방법은 없는 걸까? 그런 게 있다면, 벌써 누군가 만들었겠지? 내가 좀 서투르거나 잘하지 못하는 게 틀림없어.'

그리고 아무도 모르는 새에 어느 날 누군가가 무언가를 발명했다. 이 새로운 발명품에서는 날이 낱개 포장지 속에 들어 있고, 사람들이 새로운 날을 꺼내기 전에 다 쓴 날을 그 포장지 속에 다시 넣도록 유도했다. 이것은 그다지 복잡한 발명이 아니었으며 여러 가지 유사한 버전들이 생겨나게 되었다. 사실 면도날의 문제는 처음부터 인식되고 있었다. 오히려 설계자들이 그 문제에 노출되어 있었다는 표현이 맞을지도 모르겠다. 설계자들도 면도하기 위해 이발소에 갔었을 것이고 아마도 턱수염을 깎으려 했을 것이다. 아마 처음에 만들어진 일회용 면도날이 문제가 없었다면, 설계자는 더 이상 필요 없었을 것이다. 문제가 해결되었는데, 왜 설계자가 필요하겠는가?

대부분의 부적합은 일단 인식되기만 하면 쉽게 해결된다. 어떤 경우에는 적절한 권위로 압력을 가해야 할 때도 있지만, 대부분은 그것을 가지고 살아야 하는 사람들 사이에서 적절하게 처리된다. 인간은 적응력이 강해서 무언가가 그런 식으로는 안 된다고 의식하기 전까지는 어떤 부적합도 참아낼 것이다. 바로 그때 문제가 발생하는 것이다.

에너지 위기로 인해 도로에서 제한속도가 시속 55마일로 낮아지자 모든 사람은 그 위기가 잦아들면 제한속도가 다시 시속 65마일이나 그 이상으로 돌아갈 것이라고 생각했다. 제한속도가 더 높아지길 원한 사람들에게는 불행한 일이었지만, 제한속도가 낮아지자 교통사고와 그로 인한 사망자 비율이 급격히 감소했다. 이런 대단한 경험이 있기 전까지 사람들은 왜 매년 오만 명이 고속도로에서 죽어 가는지 확실히 알지 못했다. 자동차 업계는 운전자들을 탓했다. 주류업계를 제외한 모든 사람은 음주 운전에 책임이 있다고 했다. 그러나 아무도 그렇게 높은 제한속도를 허가한 입법자들을 탓하지 않았다.

모든 사고가 고속 주행에 기인한 것은 아니지만, 앞의 사실은 높은 비율이 거기에서 비롯되었다는 것을 보여주었다. 수개월 동안의 변화라면 자동차, 운전자 그리고 도로에 부여된 제한속도 간의 부적합에 대한 공공의 인식이었다. 하지만 얼마나 대단한 변화인가! 제한속도가 점차 이전의 치명적인 수준으로 올라가기까지는 수 년이 걸릴 것이다. 만약 너무 빨리 상승되면 누군가는 그것에 주목할 것이다.

이런 갑작스런 변화는 고속도로 제한속도와 사람들이 인식하는 안전 사이에 자리한 부적합을 일깨웠다. 이런 변화가 있기 전에, 수 년에 걸쳐 제한속도는 서서히 증가되었고 이로 인해 교통사고율이 상승되었지만 제한속도와 안전 사이의 관계를 눈치 채는 사람은 거의 없었다. 이런 식으로 모든 새로운 해결안은 잘못된 정의를 내린 설계자들보다 그 사용자들로 하여금 더 많은 것을 깨닫게 한다. 그러나 일단 처음의 어색함이 지나가면 사람의 적응력으로 인해 그 불일치는 더 이상 느껴지지 않는다. 다시 한번 다음 규칙이 얼마나 중요한지 알 수 있다.

성급하게 결론에 도달하지 마라. 그러나 처음 느낌을 무시해서도 안 된다.

그러나 처음의 느낌이 사라져 버린지 너무 오래된 경우에는 어떻게 할까? 외부 사람, 즉 컨설턴트나 다른 외국인을 통해 우리가 더 이상 가지고 있지 못한 참신한 관점을 찾아야 하는가? 컨설턴트와 일하는 것이 잘못된 것은 아니지만 그들의 서비스에 덜 의존할 수 있는 기법을 배워야 한다.

참신한 관점을 확보하기 위한 방편으로 누구라도 우리의 컨설턴트로 지명할 수 있다. 전문 컨설턴트를 찾으려고 하지 말라. 왜냐하면 그들은 우리보다 더 현상에 적응한 사람들일 수 있기 때문이다. 길거리 사람들에게 특정한 디자인이나 문제 정의에 대해서 어떻게 생각하는지 물어보아라. 초보자들에게 우리의 접근방식에 대해 설명하면서, 우리 자신이 그 문제에 대해서 참신한 관점을 찾고, 새로운 부적합을 인식하도록 몰아갈 수 있다.

외국을 여행하다 보면 새로운 것들에 대해 무언가 이상하고 어색함을 느끼게 된다. 화폐도 잘 이해되지 않는다. 도로 표지판도 다르고 화장실에 있는 화장지도 모두 다르다. 이보다 유용한 경험은 우리나라를 여행하는 외국인과 동행해 보는 것이다. 외국인의 눈을 통해 우리 자신의 문화에서 이상하고 어색한 부분을 다시 한 번 인식해 볼 수 있기 때문이다.

왜 우리는 여기서 '이상하고 어색한 부분을 다시 한 번……'이라고 말하는가? 사실 우리는 어린 시절에 그런 어색함을 이미 인식해 봤기 때문이다. 성인이 되면 머릿속에 우리가 살고 있는 세상이, 가능한 최적의 세상이라는 사고가 자리잡게 된다.

미국에 처음 온 스위스 관광객에게 미국 지폐를 보여주면 아마 다음과 같은 질문을 받게 될 것이다. "돈이 모두 같은 '크기'입니까? 그렇다면 장님들이 어떻게 돈을 구별합니까?" 당신은 아무 대답도 하지 못하고 멍하게 있을 것이다. 당신이 장님이 아닌 한, 지폐에 대해 그런 생각을 결코 해본 적이 없기 때문이다. 결코는 아니더라도 거의 해본 적이 없다는 것은 확실하다. 적어도 당신은 어린애가 아니므로(그때에는 1달러 지폐도 별로 볼 일이 없었을 것이다.) 그것은 큰 문제가 아니었다.

스위스 관광객의 다음 반응은 이럴 것이다. "모두 같은 '색'이군요! 사람들이 잔돈을 바꿀 때 많이 실수하지 않던가요?" 다시 한번 얼마나 되는 실수를 많다고 할 수 있는지 생각하며 당신은 멍한 침묵에 빠져들 것이다. 확실히 10달러와 5달러가 헷갈려서 돈을 덜 받거나 더 받은 경험이 있을 것이다. 그러나 이 순간까지는 적어도 이 정도의 실수를 '자연의 법칙'으로 받아들여 왔다. 새로운 인식에 따라 그런 오류를 줄이기 위한 미국인들의 적응에 대해서 주목하기 시작한다. 이전의 평안한

망각의 시기로 돌아가기 전까지, 며칠 동안은 만나는 모든 현금 출납원이 이제 여러분의 강화된 인식의 대상이 된다. 당신이 인식하는 것을 시험하기 위해 며칠간 2달러짜리 지폐를 지불해 보라.

그런 경험들은 부적합을 인식하려고 할 때 어떤 식으로 하면 되는지 단서를 제공한다.

여러분이 내린 정의에 대해 외국인이나 장님 혹은 어린이를 통해서 검증하라. 혹은 여러분 자신이 외국인, 장님 혹은 어린이가 되어 보라.

매일 사용하는 물건(신발, 셔츠, 포크, 자동차 문, 칫솔 혹은 그 밖의 수많은 것들) 중 하나를 선택해 보자. 그런 물건들을 한 번도 본 적이 없는 외국인의 관점에서 보는 연습을 해보자. 그리고 그것들을 여러분의 눈이나 코에 가까이 가져다 놓고 사용해 보자. 여러분의 몸이 지금 크기의 4분의 1로 줄었고, 이 물건을 처음 써보려고 한다고 상상하자. 만약 여러분이 읽을 줄 모르거나 손을 마음대로 움직일 수 없다면 어떨까?

이번에는 책들로 연습을 해 보자. 내용은 신경 쓰지 말고 오직 외부 디자인만 보자. 책을 읽을 때 일어날 수 있는 불편함(아마도 지금 당신이 당연하게 받아들이고 있을)이 적어도 10가지가 생각날 때까지 여러 각도로 생각해 보라. 수분 안에 돈^{Don Gause}은 다음과 같은 목록을 완성했다.

1. 책을 덮어놓으면 읽던 곳을 찾기가 어려웠다.
2. 책을 분리할 수가 없기 때문에 일부만 필요한 경우에도 책을 통째 들고 다녀야 했다.
3. 책의 커버가 다루기에 너무 무겁거나 오래 사용하기에 너무 약하다.

4. 잡지 않으면 닫혀 버린다.

5. 종이가 쉽게 찢어졌다.

6. 어떤 경우, 여러 장이 함께 붙어 있었다.

7. 종이가 너무 반짝거려서 눈이 부셨다.

8. 한 줄이 너무 길어서 다시 같은 줄을 읽거나 어떤 줄을 건너뛰거나 했다.

9. 여백이 너무 좁아서 메모하기에 나빴다.

10.손잡이 같은 것이 없어서 들고 다니기가 불편했다.

이처럼 오래되고 이미 정착된 해결안조차 이렇게 많은 부적합^{misfit}을 가지고 있는데, 시험되지 않은 우리 아이디어가 완벽할 것이라고 기대할 수 있을까? 당연히 그럴 리가 없다. 따라서 다음과 같이 자신 있게 말할 수 있다.

각각의 새로운 관점은 새로운 부적합을 야기한다.

해결안을 실행하기 전에 이런 관점들을 찾아보는 것이 나중에 그것이 문제가 된 후 깨닫는 것보다 낫지 않을까?

각각의 새로운 관점은
새로운 부적합을 야기한다.

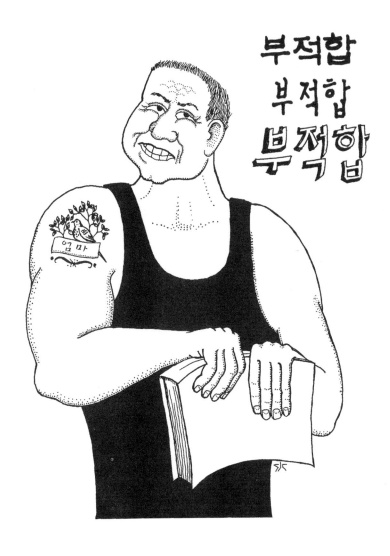

부적합
부적합
부적합

문제의 본질 파악하기

문제 1 : 다음 그림은 매우 친숙한 물건을 나타낸다. 무엇일까?

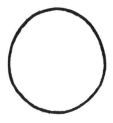

원이다! 대부분의 사람들이 주저 없이 그렇게 대답한다. 실제로 이 문제를 풀었다고 한다면, 왜 이런 조그마한 문제는 그렇게 빨리 풀 수 있을까? 어떤 문제들은 푸는 데 평생이 걸리기도 하는데. 그러나 앞 장에서 논의한 온갖 복잡한 것들과 상관 없이, 사람들은 이 문제와 다른 수많은 문제들을 해결한다. 이제 막 어떤 문제도 결코 해결될 수 없다고 믿기 시작하고 있을 때인데!

대부분의 사람이 문제 1을 풀었던 것처럼 빨리 문제를 해결할 때 우리는 어떻게 풀었는지 인식하지 못할 수도 있다. 그 과정을 드러내는 좋은 방법은 질문을 던지는 것이다.

또 다른 해결안을 얻기 위해 어떻게 문제를 바꾸어 기술할 것인가?

이 경우, 문제 기술記述이 큰 도움이 된다. 왜냐고? 아마도 그것은 '친숙한'이라는 단어로 설명될 것이다. 문제 기술을 다음처럼 바꾸어 그 가설을 시험해 보자.

문제 2 : 다음 그림은 물건을 나타낸다. 무엇일까?

혹은 '친숙한'은 남겨두고 강조를 나타내는 '매우'라는 단어를 없애면 다음과 같이 된다.

문제 3 : 다음 그림은 친숙한 물건을 나타낸다. 무엇일까?

이보다 강력한 시험 방법은 중요한 단어의 의미를 뒤집어 버리는 것이다.

문제 4 : 다음 그림은 매우 친숙하지 않은 물건을 나타낸다. 무엇일까?

문제 기술의 이런 사소한 변화는 파티에서 즐기는 게임이나 과학 실험에서 주제로 효과를 발휘할 수 있다. 다양한 사람이나 팀에게 같은 물건에 대해 각각 약간씩 다르게 문제를 기술한다. 파티 게임에서는 나온 답들을 전체에게 보여준 뒤 다른 사람들에게 했던 문제 기술이 어떤 것이었는지 추측해보게 한다. 과학 실험에서는 프로세스를 분석해서 누가 어떤 답을 했는지 추정해 낼 수도 있다.

나는 무엇을 해결하고 있는가?

우리 실험에서는 문제 1에 대해 압도적으로 다수의 응답자가 원이라고 대답할 것이다. '매우'가 생략된 경우 비율이 약간 줄어들고 '친숙한'이라는 단어가 사라지자 그 비율은 더욱 떨어지고 원래 문제에 '하지 않은'이 더해져서 수정되었을 때 그 비율은 0이 된다. 일상적인 대답 대신에 구멍, 훌라후프, 지우개가 달린 쪽에서 본 연필, 타원체 단면, 루테늄으로 만든 동전, 헤플화이트 식 팔걸이 없는 의자의 중앙 장식, 관습을 따르지 않는 꿀벌 집의 일부, 초소형 헬리콥터 착륙장과 같은 답도 얻을 수 있다.

다른 세 문제와 달리 문제 4에 대해서는 많은 사람이 대답을 꺼릴 것이다. 대답하지 않은 이유에 대해서 물어보면 대부분의 참가자들은 문제를 풀 가능성이 매우 낮다고 느끼기 때문에 오류를 무릅쓸 필요가 없다고 대답할 것이다. 문제를 다시 한번 다음과 같이 바꾸어서 이렇게 분석해볼 수 있다.

문제 5 : 다음 그림은 매우 친숙하지 않은 물건을 나타낸다. 무엇이 될 수 있는지 가장 참신한 것을 생각해 보라.

문제가 이렇게 기술된 경우, 답을 내는 데 부담을 느끼는 사람은 별로 없다. '정확한' 답보다는 '의견'을 구하는 형식이기 때문에 많은 부담이 사라졌다. 모든 사람 혹은 거의 모든 사람은 자기 의견이 있고, 또한 적어도 자기 의견에 관해서는 전문가다.

일단 무언가를 문제로 인식하면 그 뜻과 상황을 의미론적 수준 semantic level으로 놓기 위해 다시 한 번 정리해본다. 학기말 시험에 다음과 같은 문제가 나왔다고 해보자.

헨리 8세가 왜 자기 아내들을 죽였는지에 대한 여러분의 의견을 기술하고, 살해할 때 어떤 방법들을 사용했는지 설명하라.

문제를 받은 학생은 '여러분의 의견을 기술하라.'가 정말 의견을 묻고 있는 것은 아니라 정답을 묻고 있는 것이라고 판단한다. 헨리 8세가 비뚤어진 마음속에 품고 있던 진짜 이유라는 것은 단지 여러분의 교수가 확신을 가지고 추측하는 이유일 뿐이다.

되도록 우리는 처음부터 문제를 우리에게 가장 편한 수준에서 이해하려고 한다. 만약 그 교수가 골수 자유당원이라면, 그리고 우리가 헨리 8세에 대한 그의 강의시간에 졸았다면, 그 질문이 진짜로 우리 의견을 묻는 것이라고 생각하는 게 가장 안전할 것이다. 그리고 나중에 문제를 신중하게 출제하지 않았다는 점을 들어 교수에게 이의를 제기할 수 있을 것이다. 만약 그가 강경한 전통주의자라면 우리는 의미를 가지고 장난하는 그런 기회주의적 행동을 취해서는 안 된다. '가장 안전한' 방법은 문제를 다음과 같이 해석하는 것이다.

헨리 8세가 왜 자기 아내들을 죽였는지, 그리고 살해할 때 어떤 방법들을 사용했는지에 대해 강의에서 내가 어떻게 이야기했는가?

이런 의미에서 안심이 된다고 느낄 수 있는 것은 특정한 문제를 어떻게 풀지 알기 때문이다. 아마도 그것은 문제의 근원이나 숨은 뜻을 알고 있거나, 혹은 문제의 본질에 대한 더 섬세한 느낌(뭐라고 딱히 말할 수는 없지만 '옳다'고 알 수 있는 느낌)이 있어서일 것이다.

문제 1에서 대부분의 사람들은 '친숙한'이라는 말 때문에 부푼 타원체를 대상에서 제외시켰고 대충 그려진 그림 수준으로 인해서 홀라후

프 같은 것들을 생각하기 어려웠다. 따라서 '단순한 기하학' 문제로 귀착된 것이다. 문제 4의 경우, 같은 수준에서 문제를 풀지 못해서 어떤 사람은 특이한 복잡함에 빠져버렸고, 또 어떤 사람은 같은 이유로 의미론적 개념을 전혀 잡지 못했다.

만약 이 문제가 어린이용 퍼즐에 관한 골든 북이라는 책에 나왔다면 우리는 '장난감'이라는 이해 수준에서 문제를 인식하고 훌라후프, 살 없는 자전거 바퀴 혹은 레고 세트 바퀴 가운데 있는 구멍과 같은 답을 낼 수 있었을 것이다. 유식하고 복잡한 이 문제 정의 책(부주의한 사람들이 걸려들 만한 함정이 무수히 많은 책)에 나온 문제이기 때문에 이 문제는 이해 수준을 결정할 때 믿을 수 없을 정도로 복잡한 배경을 갖게 된 것이다. 그것을 단순한 기하학 문제로 볼 사람은 거의 없을 것이다. 그랬다면 그것은 너무나 명백한 문제였을 것이다. 물론 이런 것조차 부주의한 사람들에 대한 함정일 수도 있다.

후기: 그런데 만약 그 그림이 수없이 이야기한 것처럼 원을 나타낸다고 확신한다면 '진짜' 원과 비교해 보아라. 그 비교가 당신의 결론을 바꾸는가? 여기서 중요한 원리를 깨닫게 된다.

따분한 문제 정의의 경로를 조심조심 따라가더라도, 때때로 제자리로 돌아와서 여러분이 혹시나 잘못 가는 건 아닌지 검토해 보라.

10

의미 표현에 주의하라

길거리 가게의 창문에 이런 말이 써 있다고 하자. "Nothing is too good for our customers." 무슨 뜻인가?

"이 세상에 우리 고객들에게 정말 좋은 물건 같은 것은 없다."는 의미인가? 아니면 "고객에게 아무것도 주지 않는 것이 그들에게 진짜 좋은 것을 주는 것이다."라는 의미인가?

단순한 말장난에 불과할까? 모든 사람이 그 의미를 아는 것은 아니지 않을까? 아마도 그럴 것이다. 만약 이 문제의 기술記述과 관련된 일을 이미 겪어서 어떤 단서라도 가지고 있다면 모를까. 문제 해결사들이 완벽하게 명쾌한 것처럼 보이는 문제 기술에 별 악의 없이 일상적으로 "아무것도 아니다nothing", "해도 좋다may", "모두all", "혹은or"과 같은 단어들을 사용하는 것을 보았을 것이다.

물론 학교에서는 문제를 까다로운 말로 표현하는 것이 '불합리한' 것이라고 배웠다. 이것은 학교 바깥의 불합리한 세상에 대해 학생들이 대비하도록 만들지 못하는 사례 중 하나다. 컴퓨터 프로그래머들이 단어를 잘못 해석하거나 쉼표를 잘못 찍거나 애매한 문법을 쓰거나 하는 일이 비일비재하고 그 때문에 만 달러, 십만 달러, 백만 달러 혹은 당신이 생각할 수 있는 어떤 손실도 초래할 수 있다.

한 예로 프로그램 명세에 써 있는 다음과 같은 문장을 생각해 보자.

"The exception information will be in the XYZ file, too."

프로그래머는 이것을 "예외 정보가 나타나는 '또 다른' 장소는 XYZ 파일이다."로 해석하였다. 따라서 예외 정보가 다른 곳에 복사되므로 그의 프로그램에 XYZ 파일을 보관할 필요가 없다고 생각했다.

사실 그 글을 쓴 사람은 다음과 같은 의미로 그 글을 썼다.

"XYZ 파일에 포함된 정보 중 하나가 예외 정보다."

이 정보가 다른 곳에 복사되었다는 의미는 포함하지 않았고 실제로 예외 정보는 복사되어 있지 않았다. 그 결과 소중하고 복구할 수도 없는 정보를 잃었다. 다른 해석으로 인한 문제를 발견했을 때, 그 때문에 잃은 정보로 비용이 약 오십만 달러가 들었다. 'too'를 부주의하게 놓은 것에 대한 대가치고는 매우 큰 것이었다.

오십만 달러가 날아갔으니 사람들의 목도 몇 개 날아갈 판이었다. 그러나 누가 잘려야 하는가? 글을 쓴 사람? 프로그래머? 작문 선생님들 대부분은 글쓴이를 잘라야 한다고 할 것이다. 문제 해결을 가르치는 선생님이라면 프로그래머를 단두대에 올려야 한다고 할 것이다. 피를 보지 않는 접근 방식을 선호하는 사람도 있을 것이다.

'애매모호'의 바다에 익사하지 않기 위해 글을 쓰는 사람들에게 명확하고, 이해할 수 있도록 문제를 기술하라고 설교할 수도 있다. 문제 해결사들에게 좀 더 주의해서 문제를 읽어야 한다고 이야기할 수도 있다. 아마 그들은 무턱대고 그렇게 따라 할지도 모른다. 그러나 만약 각자가 가진 과거 경험이 영향을 미치면 이런 것들은 별로 도움이 되지 못한다. 사람들이 아무리 진실하다 해도 또 열심히 노력한다 해도 그것만으로는 충분하지 않다. 똑같은 말을 듣는 모든 사람이 다 똑같이 이해할 것이라는 기대는 결코 하지 않는 것이 좋다.

그러므로 종이에 있는 단어들을 꺼내서 우리의 머릿속에 전달하기 위한 공인된 전달 과정이 필요하다. 그런 것 중 하나가 바로 단어 놀이다.

문제를 단어들로 기술했다면, 기술한 내용이 모든 사람의 머릿속에 들어갈 수 있도록 그 단어들을 이용하여 놀이를 해본다.

어떤 놀이방식이든 그것은 문제에 대한 단서를 줄 것이며 아마도 사람들이 얼마나 문제를 다르게 이해했는지 보여줄 것이다. 다음과 같이 단순한 사실을 기술한 예를 살펴보자.

Mary had a little lamb.(메리는 작은 새끼양을 한 마리 가졌어요.)

충분히 명료한 표현이라고 생각한다. 그럼 여기서 단어 게임을 시작해보자. 다음은 각각 한 단어씩 강조하는 경우다.

'메리'는 작은 새끼 양을 한 마리 가졌어요.(존이 아니라 메리다.)
메리는 '작은' 새끼 양을 한 마리 가졌어요.(생각처럼 크지 않다.)

메리는 작은 '새끼양'을 한 마리 가졌어요.(헨리는 개를 갖고 있다.)

메리는 작은 새끼 양을 '한 마리' 가졌어요.(남들처럼 몇 마리가 아니다.)

메리는 작은 새끼 양을 한 마리 '가졌어요had.'(지금은 갖고 있지 않다.)

두 개, 세 개, 네 개 그리고 다섯 개의 단어 조합에 대해서 강조할 수도 있고, 각각의 조합은 이처럼 단순한 사실을 기술하면서도 여러 가지 다른 의미를 전달한다.

사전을 활용해 보는 것도 좋다. 문장에 속한 각각의 단어에 대해서, 사전에 있는 의미들을 열거한 후 원래 문장에 대입해서 의미를 각각 생각해 보는 것이다.

대부분의 경우, 사전을 이용한 게임에서는 차이를 일으키는 단어가 많지는 않다. Had의 예를 들어보자. 아메리칸 헤리티지 영어 사전을 보면 'had'는 'have의 과거 혹은 과거 분사'라고 나와 있다. 이처럼 이미 문법적으로 모호함이 존재하는 데다 'have' 항목에 가면 31개나 되는 정의가 있음을 발견한다. 아이스크림의 경우를 보아도 이렇게나 많은 종류를 파는 회사는 드물다는 것을 잘 알 것이다.

우선 첫 번째 정의는 우리가 이미 알던 개념과 일치한다.

1. 어떤 사람의 자산으로 소유하다.

그러나 두 번째 정의를 보는 순간 잠시 멈칫하게 된다.

2. ~와 관계되거나 특정한 관계에 있다.

이 의미는 옛날 농담에서 비롯된 것이다.

메리가 작은 새끼 양을 가졌어요.

이 사건은 의학사에 기록될 만한 일이었지요.

다음과 같은 여러 가지 정의들을 훑어보면 우리는 우리들만의 농담을
만들어내거나 우리 나름대로 해석할 수 있다.

4. 누군가의 마음속에 남다. 재미있게 하다.

6. 뇌물을 주다. 혹은 매수하다.

7. 주의를 끌다. 마음을 사로잡다.

8. 승리하다. 물리치다.

9. 속이다.

10. 성관계를 맺다.

12. 받아들이다. 혹은 가져오다. 나는 회색 재킷을 가져올 것이다.

13. ~을 함께 나누다. 먹거나 마셔서 소비하다.

나머지는 스스로 찾아보도록 하자. 또한 '작은little', '새끼 양lamb'에 대해
서도 같은 방식으로 해보자. 그리고 '한 마리a'나 '메리Mary'도 무시하지
말고 찾아보고 다음에 문장을 기술할 때에는 이런 것들을 유념하자.

　　단어 게임을 하는 데 걸린 시간을 아까워하지 마라. 나중에 원치 않
는 해결안을 도출하는 것에 비하면 그것은 아무것도 아니다. 올바른 정
의를 찾기 위해 최선을 다하는 것이 문제 해결사의 의무다. 여기에 우
리가 사용했던 다른 게임들의 목록이 있다. 각 게임은 백만 달러 혹은
그 이상을 적어도 한 번 이상 절감한 성과를 거두었다. 그야말로 최고
의 단어 게임 목록이다.

1. 강조 패턴을 변화한다.(위 예처럼)

2. 긍정에서 부정으로 바꾸거나 반대로 해본다.

3. '해도 좋다may'를 '해야만 한다must'로 바꾸거나 반대로 해본다.

4. '혹은or'을 '둘 중 하나either'로 바꾸거나 반대로 해본다.

5. '그리고and'를 '혹은or'으로 바꾸거나 반대로 해본다.

6. 용어의 의미를 분명하게 정의하고 그 정의들을 그 용어가 나타나는 곳마다 대입해 본다.

7. 기타etc., and so forth, and so on 등에 대해서 구체적인 예시를 하나 이상 추가해 본다.

8. 설득력을 강화하기 위한 단어나 어구들(명백히, 그 결과, 명확히, 확실히)을 찾아내고, 이것들을 각각 좀더 적절한 단어로 바꾼다.

9. 어떤 문장이나 문단이 말하는 바를 그림으로 표현해 본다.

10. 단어들을 방정식 형태로 표현해 본다.

11. 방정식을 단어 형태로 표현해 본다.

12. 어떤 그림이 나타내고자 하는 바를 말로 표현해 본다.

13. 너를 나와 바꾸어 본다.

14. 우리를 너희와 바꾸어 본다.

15. 우리와 너희를 양쪽 다로 바꾸어 본다.

16. 일반적인 의미a를 특정한 의미the로 바꾸어 본다.

17. 몇몇some을 모두every로 바꾸어 본다.

18. 모두every를 몇몇some으로 바꾸어 본다.

19. 항상always을 가끔sometimes으로 바꾸어 본다.

20. 가끔sometimes을 전혀 안 함never으로 바꾸어 본다.

이미 익숙한 문장을 활용해서 이 게임들을 해보자. 예를 들어 다음과 같은 내용을 한번 활용해 보자.

메리는 새끼양고기
요리를 먹었는데,
눈처럼 하얀 모래가
씹혔네...

WHERE THE SKIES ARE NOT CLOUDY ALL DAY.(하늘에 종일 구름이 끼지는 않는 곳)

그러고 나서 여러분이 다루는 문제 정의 기술에 적용해 보라. 이 게임이 얼마나 소중한 무기인지 금방 알 수 있을 것이며, 게임이 적어도 스무 개 이상 더 있었으면 좋겠다는 생각을 할 것이다.

만약 그 숫자가 합리적으로 들리지 않는다면 사전 게임을 시작해 보아라. 이것이야말로 우리가 여러분에게 공짜로 주는 선물이다. 사전 게임을 게임 목록에 올려놓자. 머지않아 문제 정의의 빌헬름 텔이 되는 길이 열릴 것이다.

제4부

누구의
문제인가?

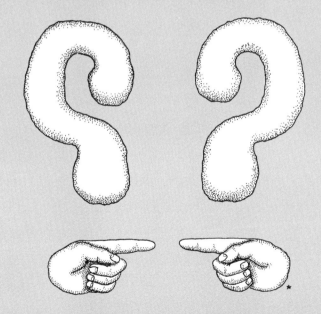

연기가 앞을 가리다

학생 열한 명과 유능한 교수 한 분으로 구성된 어떤 강의에서 수요일 오후마다 약 3시간가량 문제 해결에 대한 토론회가 열린다. 어느 날 그들은 놀랍게도 12명 중 11명이 전혀 담배를 피우지 않는데도 유독 나머지 한 명이 끊임없이 담배를 피워댄다는 사실을 깨달았다.

그 교실은 좁고 환기도 잘 되지 않았다. 담배 연기는 매우 손쉽게 교실 구석구석에 퍼지고 있었다. 첫 수업에서 한 시간이 지난 후 가장 키가 작은 친구를 뺀 나머지 모든 사람들이 숨쉬는 공간에 연기가 뿌옇게 퍼져 있는 것을 봤다. 키가 큰 몇몇 친구들의 안색은 벌써 누렇게 변한 것 같았지만, 흡연을 하는 친구는 악취 나는 연기를 계속 뿜어댈 뿐만 아니라 아무런 문제도 인식하지 못하고 있었다. 문제 해결사인 교수에게 이것은 분명한 문제 혹은 곧 문제화될 일이었다.

책을 더 읽어 내려가기 전에 위에서 기술한 실례를 생각해 보고 다음 질문에 대한 답을 골라 보자.

누구의 문제인가?

1. 담배를 피우지 않는 학생 열 명
2. 담배를 피우는 학생
3. 교수
4. 단과대 학장
5. 총장
6. 정답 없음
7. 6번까지 정답 없음

실제 사례에서 교수는 어릴 적부터 담배를 피우는 아버지 밑에서 성장했기 때문에 문제를 거의 인식하지 못했다. 그는 공기 중에 가득한 악취에 이미 익숙했고 이 역겨운 상황을 극히 정상이라고 생각했다. 문제를 해결하는 관점에서 볼 때 학장이나 총장은 관심 밖에 있으므로 제외하면, 문제는 담배를 피우는 학생이나 나머지 학생들의 것이 된다.

둘째 강의 시간에 교수님은 십 분 늦게 도착했다. 당연히 학생들은 가장 높은 지위에 있는 그를 기다려야 했다. 이 기회를 놓칠세라 비 흡연자 중에 한 학생이 강의실의 공기 오염을 주제로 삼아 문제 해결 토론을 시작하였다. 교수님이 도착한 시점에는 이미 토론이 한창 진행되고 있었다. 흡연가인 학생조차 매우 즐겁게 참여하고 있었다. 원래 창의적인 문제 해결에 대한 수업이었으므로 교수도 학생들이 토론을 계속하도록 놓아두었다. 게다가 거기서 나온 해결안들은 한두 개가 아니었다.

칠판 위에 그럴듯한 해결안들이 하나둘 가닥을 잡아가고 있었다. 거기에는 다음과 같은 내용들이 올라왔다.

1. 강의에 참여하는 모든 사람이 강의가 시작하기 전에 흡연자에게 전화를 걸어서 꼭 담배를 두고 오도록 알려준다.
2. 강의에 참여하는 사람 중에 새벽에 활동하는 몇몇 사람이 수업이 있는 날 새벽 4시 30분에 흡연자에게 전화를 걸어서 왜 지난 수업에 담배를 피웠냐고 따진다.
3. 흡연자의 자동차 타이어의 바람을 뺀다. 담배 한 개비에 타이어 하나씩. 눈에는 눈, 공기에는 공기로.

웃음 속에서 토론이 한 시간 정도 진행되었다. 그러나 이제 흡연 학생은 문제를 깨닫고 있었다. 아무도 그를 공격하지 않았으며 그도 자신을 방어하려고 하지 않았다.

토론 진행자가 흡연 학생에게 어떤 아이디어가 괜찮은지 혹은 어떤 아이디어를 좀 수정해서라도 받아들일 수 있는지 스스로 제안해 보라고 말했다. 그는 매우 빨리 아니 거의 반사적으로 자신이 기분 나쁘지 않게 (오히려 즐겁도록) 관대함을 베풀어 준 다른 학생들을 위해서 강의실에서 담배를 피우지 않겠다고 대답했다. 그리고는 나머지 학생들에게 부탁했다. 강의시간에 창의성을 계속 유지할 수 있도록 매주 무언가 흥미로운 주제를 가져오자고. 그래서 담배를 피우는 것보다도 더 자신의 입을 만족하게 하고, 또 그런 즐거움을 다같이 나눌 수 있게 해달라고.

물론 그 제안은 흔쾌히 받아들여졌다. 흡연은 즉시 사라졌으나 그것은 바로 놀라운 식탐으로 이어졌다. 그중 몇 가지만 열거해 보면 캐모마일 쿠키, 당근 케이크, 바비큐 치킨 윙 피자, 그린 토마토 파이, 더블 초콜릿 퍼지 캔디 등이었다. 그 강의는 참여한 모든 사람이 뚱뚱보가 되는 축복을 내려주었다.

만약 앞서의 답이 3이었다면, 즉 '교수'의 문제였다면 결과가 어떠했을까 생각해 보자. 아마 다음과 같이 하지 않았을까?

1. '담배를 피울 수 없도록' 규정을 만들고 흡연 학생이 수업을 그만두도록 해서 그가 분개하도록 만든다.
2. 담배를 피우도록 규정을 만들어서 담배를 못 피우는 일부 학생들이 수업을 그만두도록 하거나 혹은 담배 연기의 영향으로 점심조차 못 먹게 만든다.

3. 흡연 강의와 금연 강의로 나누어서 날짜나 시간을 분리하여 모든 사람을 불만족스럽게 만든다.

그러나 이처럼 무언가를 규정으로 만드는 대신 교수는 그 자신만의 문제 해결 교훈을 따랐다.

그들 스스로 문제를 완벽하게 풀 수 있을 때에는 그들의 문제 해결에 끼어들지 않는다.

이 당사자들은 그 문제에 대해서 더 많이 알고 또한 인식하고 있었을 뿐 아니라 '그들의' 해결안을 찾은 다음에는 해결안을 수행할 때 스스로 참여하였다. 거기서 나온 아이디어가 성공해야 하는 또 다른 이유는 전체 학기 시간 45시간 중에 90분이나 거기에 투자했기 때문이었다.

게다가 똑같은 제안이라도 교수의 권위를 바탕으로 나온 것이었다면 그 제안을 받아들이지 않았을 것이고, 만약 받아들였다 하더라도 결코 제대로 이행하지 않았을 것이다. 우리 친구 중에 교수가 한 명 있는데 이 친구는 매우 정신 없는 사람이다. 그는 종종 멋진 레스토랑에서 식사한 다음에 계산하려고 할 때 뒤늦게 지갑을 미처 가지고 오지 않았다는 것을 깨닫는다. 그런 경우 그 친구는 주인에게 그냥 웃으면서 "우리에게 문제가 생겼습니다."라고 한다. 그때 그 주인이 뭐라고 할지 한번 상상해 보라. "선생에게 문제가 생긴 것이겠지요."라고 할까? 아니면 "제게 문제가 생겼군요."라고 할까?

만약 그것이 그들의 문제라면 그들의 문제가 되도록 하라.

우리에게 문제가 생겼습니다.

주차장이 부족한 캠퍼스

한 주립대학의 새 캠퍼스에 문제가 발생하였다. 차가 발명된 이래로 계속되어 온 주차라는 문제다. 초창기에는 그 캠퍼스에 주차장이 정말 엄청나게 많았는데 말하자면 거의 전체가 주차장이라고 할 정도였다. 언제부터인가 과다한 주차장 문제를 해결하려는 양, 여기저기 새 빌딩이 하나둘씩 세워지기 시작했다. 건물이 늘어나는 동안 학생 수는 세 배가 되었고 교수진은 두 배 그리고 학교 직원은 네 배가 되었다. 이렇게 해서 이제 주차 '문제' 되어 버린 것이다.

국민에게 힘을 돌려주자는 운동의 일환으로(국민의 한 사람으로 우리는 모두 그 힘이 어디에 속한 것인지 알고 있다.) 학생회에서는 모든 지정 주차 구역을 없애 버렸다. 장애인과 총장 자리를 제외하고는 모든 지정 주차 구역을 없애 버렸다. 사실 캠퍼스로 들어오는 모든 사람에게 주차 공간은 아직 충분했지만 대부분 사무실이나 강의실에서 500미터에서 1킬로미터 정도 떨어진 곳에 있었다.

또 하나 큰 영향을 미치는 것은 날씨였다. 이 지역은 날씨가 궂은 날이 많았다. 이 캠퍼스에는 눈, 흙탕물, 먼지 세 계절이 있다고 할 정도였다.

이 사례를 더 읽기 전에 다음 질문에 답해 보자.

누구의 문제인가?

1. 학생들
2. 교직원들
3. 총장님
4. 주 의회
5. 주지사
6. 정답 없음
7. 6번까지 정답 없음

지정 주차 구역이 철폐되었기 때문에 4와 5는 정답이 아니다. 3이 답이 될 수도 있지만 총장님은 주차 구역을 부여받았으므로 현재 상황에 대해서 크게 불만은 없을 듯하다. 그래. 그에게는 의사 결정 권한이 있다. 이른바 '교수회'에서 무언가 중요한 일을 하려고 할 때마다 그것을 뒤엎을 수 있고 사실 그래 왔다. 총장은 개인적으로 주차 문제를 경험한 적이 없다. 그렇다면 그가 이 문제를 중요하게 여겨야 할 이유는 없지 않은가?

우리는 이미 자신이 책임지는 문제를 실제로 겪어보지 못한 시스템 설계자들이나 의사 결정자들 때문에 사회에서 얼마나 많은 문제가 발생하는지 보아 왔다. 고담 시의 경찰청장은 운전사가 딸린 리무진을 타고 다녔다. 교통 체증이나 강도의 위협이 그에게 무슨 문제가 될까? 매머드Mommoth 자동차의 설계자들은 차 재떨이에 담배꽁초가 찰 때마다 새 비히머스Behemoth IV로 차를 바꾼다. 자동차 유지보수나 관련 비용이 그 설계자들에게 무슨 의미가 있을까?

브론토사우루스 타워에서 일하는 직원들은 그 건물주를 자극하려는 시도 끝에 이런 상황에 적절한 방법을 찾아냈다. 그 원리는 다음과 같다.

만약 어떤 사람이 문제에 대해서 무언가를 할 수 있는 위치에 있으나, 문제를 느끼지 못할 때에는 그가 행동할 수 있도록 무언가 조치를 취한다.

이 원리를 총장의 경우에 적용하여 학생들이 총장의 지정 주차 구역에 주차하기 시작했다. 그런 차에는 당연히 딱지를 붙이고 벌금을 부과했지만, 전체 학생이 힘을 모아서 그 벌금을 지불하였으므로 개인이 부담할 비용은 매우 적었다.

불행히도 총장님은 이런 집단행동을 좋게 바라보지 않았다. 그는 공개적으로 자기 자리에 주차하는 학생은 학교에서 쫓겨날 것이라고 경고했다. 총장은 그것이 '전체 학생'의 문제가 아니라 '학생 개인'의 문제가 되도록 하는 독재 행위로 자신의 문제를 해결하였다. '분열시킨 후 점령하라devided and conguer.'는 관점은 '우리의 문제'라는 관점과는 상당히 상반되는 것이고 문제 해결을 방해하고자 하는 사람들에게는 아주 유용한 기법이다. 그것은 대학 총장들이나 다른 독재자들이 좋아하는 수법이다.

대학생들은 도전을 좋아한다. 총장의 대책에 대해서 대응책을 개발하는 데 몇 주가 소요되었다. 어느 날 총장 차의 타이어가 네 개 모두 바람이 빠진 것이 발견되었다. 학내 경찰이 바람을 다시 채우는 역할을 맡았지만 그 다음날에는 타이어 바람이 빠진 정도가 아니라 갈기갈기 찢겨서 복구조차 할 수 없는 지경이 되어 있었다. 총장의 차에는 24시간 경호가 따르게 되었는데, 그 역할은 교내 유일한 전담 주차 단속원이 맡았다. 더는 주차 위반 딱지 떼일 일이 없다는 것을 알자 사람들은 잔디밭, 차로 심지어는 장애인 주차 구역에까지 주차하기 시작했다.

이 즈음 일부 교수들이 새롭고도 색다른 문제 해결 기법인 생각할 수 없었던 것 생각하기를 활용하기로 결심했다. '누구의 문제인가?'에 대한 대답으로 그들은 '그것은 내 문제다.'라고 생각하기로 했다.

나의 문제라는 관점은 우리 문제라는 관점과 결코 상반된 것이 아니다. 단지 우리가 성급하게 다른 곳에다 책임을 전가하면서 간과하는 부분이 있다는 이야기다. 예를 들어, 오염 문제에 대해서 정부나 대기업 혹은 그 외에 무관심한 사람들에게만 계속 책임을 물을 때, 할 수 있는 일은 고작해야 국회의원이나 신문사에 편지를 보내는 일일 것이다. 그러나 잠시 동안 우리의 교만을 떨쳐버리고 문제를 우리들 자신만의 문제로 보면, 오염에 대해서 무언가 실질적인 일을 할 수 있을 것이다.

교수들이 주차 문제를 그것은 내 문제라는 관점으로 보았을 때 문제는 '충분한 주차 공간이 없다.'에서 다음과 같은 문제로 전환되었다.

1. 나는 너무 게을러서 먼 거리를 걷지 못한다.
2. 나는 늦잠을 좋아해서 얼마 되지 않는 좋은 주차공간을 얻을 정도로 일찍 올 수 없다.
3. 걸어오는 동안 뭔가 재미있는 것을 발견할 수가 없다.
4. 내가 좀 더 튼튼해서 자전거를 타고 다닌다면 주차 걱정은 하지 않을 것이다.
5. 나는 날씨가 나쁜 날엔 정말 편하게 다니고 싶다.

총장의 대응책에 대해서 맞대응책을
개발하는 데 몇 주가 소요되었다…

6. 나는 밤에 걷는 것이 두렵다.

7. 먼 길을 걸을 때에는 말동무가 필요하다.

8. 나는 어떤 경우라도 너무 많은 에너지를 소비하고 싶지 않다.

9. 나는 얼음에 미끄러져 넘어지고 싶지 않다.

10. 너무 먼 길을 걷는다면 나는 강의에 늦고 말 것이다.

이 대부분의 생각에서 우리 자신의 문제를 해결할 수 있는 아이디어를 얻을 수 있다. 그 문제를 허상의 문제로 전환하여, 그 상황을 다양한 각도로 바라봄으로써 우리 자신을 문제에서 해방시킬 수 있는 아이디어들을 떠올릴 수 있게 되는 것이다.

　일부 교수는 먼 거리를 걸어다니는 것을 몸에 좋은, 일종의 운동이라는 시각으로 바라보기로 했다. 일하러 오는 것과 운동(일 끝나자마자 테니스 클럽으로 달려가는 것)을 별도로 볼 것이 아니라, 이 둘을 결합해 보는 것도 괜찮은 생각 아닌가?

하여간 이런 식으로 상황을 합리화한 교수들에게 이제 문제는 '어떻게 가장 가까운 주차장을 얻을 것인가?'에서 '어떻게 가장 먼 곳에 주차 공간을 확보할 것인가?'로 전환되었다. 보라. 이렇게 해서 문제가 사라졌다. 날씨가 좋지 않을 때에는 운동복을 입는 것으로 일말의 불편함마저 극복할 수 있었다. 그리고 전반적으로 캠퍼스가 편안한 분위기를 띄게 되었다. 단지 주차장 때문이 아니었다. 운동복 자체가 편안하게 디자인되어 더 이상 교수님들이 자신들만의 프로페셔널한 분위기로 학생들을 위축시키는 일은 없어졌다. 새로운 길을 찾아내고 새로운 것들을 발견하면서 걸어 다니는 것은 매우 즐거운 일이 되었다. 한 교수는 보행거리를 마일이 아니라 킬로미터로 측정해 주는 만보계를 달고 다니면서 익숙하지 않은 미터법에 대한 감을 익힐 수가 있었다. 그에게는 운동이 한 가지 더 있었는데 그것은 길거리에 떨어진 휴지를 줍기 위해 몸을 구부리는 것이었다. 휴지를 한 번에 열 개 이상 주웠는데 덕분에 축 늘어진 배에 탄력이 붙었을 뿐 아니라 환경오염 개선에도 일조하게 되었다. 가까운 곳에 차를 대기 위해 빈 곳을 찾고, 속도를 내고, 투덜대면서 허비했던 수많은 시간들을 돌아보면서 왜 진작 문제를 이렇게 해결하지 못했을까 하는 생각이 들었다. 그리고는 다음과 같이 단순한 규칙을 따르면 문제가 사라진다는 것을 깨닫게 되었다.

잠시라도 좋으니 변화를 위해 당신 자신에게 책임을 물어라.

솔직히 이렇게 해서 모든 사람들의 문제가 해결되었다고 말하기는 어려웠다. 몇 년이 지난 후 우리는 좋은 자리를 찾기 위해 화난 얼굴로 캠퍼스를 헤매면서 아까운 기름을 낭비하는 사람들을 발견했다. 사실대로 말하자면 극소수만이 앞서 말한 접근법으로 문제를 해결하였고 실제로 아주 낡은 차 한두 대만이 가장 먼 곳에 위치한 '외몽골' 주차장에 차를 대었다. 어쨌든 적어도 지치고 나이 든 우리 문제 해결사 한두 명의 문제는 해결되었다.

터널 끝에서 전조등 끄기

제네바 호수 위쪽에 있는 산맥을 통과하는 긴 터널이 완공되었다. 개통하기 직전 그 공사를 담당했던 책임 엔지니어는 운전자들에게 터널에 들어가기 전에 전조등을 켜라는 경고 메시지를 남기는 것을 잊었음을 깨달았다. 터널의 조명은 잘 되어 있었지만 운전자들은 산악에서 흔히 일어나는 만약의 정전 사태에 대비해야 했다.

표지판에 다음과 같은 메시지를 썼다.

경고 : 터널입니다. 전조등을 켜세요.

경고판은 터널 입구 한참 앞쪽에 세워졌고 터널은 공기에 맞추어 개통되었다. 사람들은 이제 안도할 수 있었고 문제는 일단락되었다. 그런데 터널 동쪽 끝 지점에서 400여 미터 떨어진 곳에 호수 전체를 바라볼 수 있는, 세계에서 경관이 가장 멋진 전망 휴게소가 있었다. 매일 관광객

수백 명이 그곳에서 경치를 즐기고, 생리적인 용무를 해결하고, 많지는 않지만 맛있는 음식을 나누기도 한다. 그리고 또 매일 그들 중 열 명 이상이 상쾌한 몸과 마음으로 차로 돌아갔을 때, 전조등을 계속 켜 놓아서 자동차 배터리가 나가 버렸다는 사실을 깨닫는다. 주변 프랑스 경찰관들 대부분은 차 시동을 걸고 출발하는 일을 돕는 데 시간을 허비한다. 관광객들은 불만을 호소하고, 친구들에게 절대로 스위스에 놀러 가지 말라고 당부한다.

여기서 다시 한번 똑같은 질문을 하게 된다.

누구의 문제인가?

1. 운전자
2. 승객 (있다면)
3. 책임 엔지니어
4. 프랑스 경찰관
5. 스위스 주지사
6. 자동차 동호회들
7. 정답 없음
8. 7번까지 정답 없음

사람들 대부분은 명백한 설계자나 엔지니어가 있는 경우, 이런 종류의 문제를 그들의 문제라고 생각하는 경향이 있다. 운전자뿐 아니라 심지어 엔지니어 자신도 그렇게 생각할지 모른다. 이는 건축 설계자, 엔지니어 그리고 여타 다른 분야의 설계자를 포함해서 많은 부분을 책임지는 사람들이 지닌 공통 경향이다.

이때 그 엔지니어는 운전자들이나 동승한 승객들에게 적용할 수 있는 여러 가지 해결안을 생각했다.

1. 터널이 끝나는 지점에 '전조등을 끄세요'라는 표지판을 놓을 수도 있지만 그 경우에는 사람들이 밤에도 등을 끄게 된다.
2. 상황을 무시하고 그냥 지나쳐 버려? 사실 이미 터진 일이고 공무원

들도 이미 내가 엉성하게 일했다고 판단해 버린 상태이니……

3. 전망대에 배터리 교환소를 설치하는 것은 어떤가? 그러나 유지비가 많이 들 것이고, 제대로 운영되지 않는다면 사람들은 더욱 분노할 것이다.

4. 개인 사업자에게 배터리 충전소 운영권을 줄 수도 있지만, 그 경우 전망대가 상업화될 것이기 때문에 정부나 관광객들이 이것을 받아들이지 않을 것이다.

5. 터널 끝에 좀 더 명확한 설명이 담긴 표지판을 설치하는 것은 어떨까?

엔지니어는 직관적으로 명확하게 설명해주는 표지판을 다는 것이 좋겠다고 판단했다. 몇 가지 대안을 생각해내었고 마침내 스위스인 특유의 정밀함을 담은 다음과 같은 표지판이 작성되었다.

낮인데 전조등이 켜져 있으면 전조등을 끄시오.
밤인데 전조등이 꺼져 있으면 전조등을 켜시오.
낮이고 전조등이 꺼져 있으면 그냥 놔두시오.
밤이고 전조등이 켜져 있으면 그냥 놔두시오.

그러나 그 표지판을 읽고 난 후에는 차가 이미 가드레일을 넘어 호수 바닥으로 가라앉고 있을 것이다. 이것은 결코 적절한 해결안이 될 수 없다. 게다가 그 많은 장례식은 어떻게 감당할 것인가? 좀 더 나은 대안을 찾아야 한다.

이 모든 복잡함을 고민하는 대신, 그 책임 엔지니어는 "그것은 그들의 문제다."라고 정의하는 접근 방식을 택했다. 엔지니어는 운전자들에게 문제를 풀려는 강한 동기가 있다고 가정하고 간결한 경고문만 있

으면 충분하다고 생각했다. 또한 운전면허를 딸 정도의 사람들이라면 완전한 멍청이는 아닐 거라고 생각했다. 터널 끝에 운전자들에게 필요한 안내 문구는 이 정도면 충분했다.

"전조등이 켜 있습니까?Are your lights on?"

이것을 이해하지 못할 정도의 사람이라면, 그들에게 배터리가 나가는 일은 그다지 큰 문제도 아닐 것이다.

그 표지판으로 문제가 해결되었다. 메시지가 짧았기 때문에 여러 나라 언어로 표기할 수 있었다. 그 엔지니어는 당시 얻은 교훈을 잊지 않고 있다.

만약 사람들이 전조등을 켜고 있다면 간결한 경고문이 복잡한 안내 문구보다 훨씬 효과가 좋을 것이다.

당신의 전조등은 켜 있습니까?

제5부

문제는 어디에서
비롯되는가?

14

재닛 자워스키,
손을 부르르 떨다

냉전이 수그러들 무렵, 재닛 자워스키Janet Jaworski는 모아둔 돈을 털어서 폴란드에 계시는 할머니를 방문하기로 결심했다. 그녀는 한걸음 한걸음 비자에 필요한 서류의 숲을 헤쳐 나갔다. 서로 다른 서식 다섯 개, 서로 멀리 떨어져 있는 관공서 세 개에다 각각 삼 일에서 육 주에 이르는 대기 시간, 장거리 전화 네 차례, 편지 아홉 통, 번역료 두 번 지불. 몇 번이나 포기를 생각했지만 할머니는 이미 여든 네 살이시다. 만약 나중에 이 과정을 다시 밟아야 한다면, 재닛이 찾아갈 때쯤 할머니는 이미 이 세상 사람이 아닐 수도 있다.

마침내 비자를 손에 쥐고 취리히를 거쳐 바르샤바로 날아갔다. 세 번에 걸친 서류 심사가 끝난 후에 재닛은 잿빛 옷을 입고 잿빛 피부를 가진 사내가 앉아 있는 잿빛 벽의 사무실로 들어갔다. 오분여 동안 그는 마치 재닛이 들어오는 것을 보지 못한 사람처럼 서랍 속 파일들을 뒤적거리고 있었다. 그러고는 무언가 영감을 얻은 듯이 책상에 놓여 있는 재닛의 서류들에 시선을 주었다. 그리고 의구심 어린 눈초리로 재닛의 비자 사진과 얼굴을 몇 번 번갈아 보다가 그녀에게 물었다.

"재닛 부인?"

"자워스키 양입니다." 재닛은 할 수 있는 한 가장 친절한 목소리로 대답했다.

잿빛 얼굴 씨는 마치 처녀가 혼자서 여행하는 것에 대한 안타까움을 표현하려는 듯이 헛기침을 한 번 하고는, 서류를 검지로 짚어가며 한 줄 한 줄 읽어내려갔다. "오, 그렇군요. 야보르스키 양." 그러고는 의자를 조금 뒤로 밀고 나서 책상 모서리에 손바닥을 얹었다.

"야보르스키 양, 폴란드 방문 목적이 무엇입니까?"

"오스트로다에 계신 할머니를 만나러 왔습니다. 서류에도 그렇게 썼습니다만."

"나도 봤습니다. 그러나 서류 순서가 맞지 않아서 혹시 다른 오류가 없는지 확인하려는 것입니다."

재닛의 손가락 끝이 부르르 떨리기 시작했다. 그 느낌이 팔까지 올라온다면 그녀는 큰 곤란에 빠질 것이다.

"순서가 맞지 않는다니요? 무슨 말씀이신지?"

그는 순간적으로 책상 모서리에서 손을 떼며 양손을 들어 보였다. 그러고는 말했다. "보시다시피 페이지마다 공증 서류가 '여덟 장' 있어야 하는데, 여기에는 '일곱 장'밖에 없군요."

잿빛 얼굴 씨는 손바닥을 다시 책상 모서리에 얹고는 그다음은 재닛에게 달렸다는 듯이 등을 뒤로 기대었다. 그녀는 팔목까지 올라온 경련을 손가락 쪽으로 다시 내려 보내려고 애썼다. 그녀는 자신이 지금 결코 해결할 수 없을지도 모르는 문제에 빠졌다는 것을 알았다. 미국에서 자랐기 때문에 폴란드식 관료주의에 익숙하지 않았다. 전 세계의 관료

주의를 무력화할 상급 문화가 있을 거라고 생각했지만, 그것은 그냥 추측일 뿐이었다. 이 문제에 대해서 생각하고 더 많은 정보를 얻기 위해서는 시간이 필요했다. 그래서 가능한 한 침착하게 이야기를 다시 시작했다. "저런, 나머지 한 장이 어디로 간 걸까요? 비자를 얻을 때 분명 거기에 있었는데……. 내 짐 속에 있든지 직원 분께서 가져오는 중에 잃어버린 것은 아닐까요?"

잿빛 얼굴 씨는 폴란드어로 된 설명서를 집어서 문 앞에 서 있는 직원에게 전달했다. 재닛은 그가 거기에 있다는 것조차 인식하지 못했지만, 이제 그 직원이 문제의 근원에 대한 잠재적인 실마리일 수도 있다는 것을 깨달았다. 잿빛 얼굴 씨가 뇌물을 요구하는 것일 수도 있는데, 방에 직원이 있는 한 그것은 불가능한 일이었다. 그 직원은 영어 대화가 조금만 길어진다면 내용을 이해하지 못할 수도 있다. 혹시 직원도 뇌물을 기대하는 것일지도? 그러나 모든 상황을 고려할 때 문제를 그 각도에서 보는 것은 적절치 않을 것 같았다. 재닛은 어디서 문제가 비롯된 것일까 생각했다.

현 상황에서 모든 것을 관료주의의 탓으로 돌리고 싶지만, 그것은 "세상은 원래 그런 거야. 사람의 본성이 그렇게 때문에 별 도리가 없어."라고 말하는 것과 차이가 없다.

본성에서 비롯된 문제들은 두 가지 이유에서 최악이다. 첫 번째 이유는 그렇게 본질적인 것에서 비롯된 문제들에 대해서는 어찌할 도리가 없다는 것이다. 책임을 회피하기 위해 우리는 흔히 문제를 본성의 탓으로 돌리곤 한다. "과식하거나, 가질 수 없는 것을 원하거나, 회사 경비를 날조하는 것은 인간의 본성이야." 라고.

두 번째 이유는 본성의 무관심성이다. 문제를 사람이나 실제 사물, 행위의 탓으로 돌릴 때는 문제 해결에 대한 실마리를 찾을 수 있다. 문제를 야기한 근원을 알거나, 근원이 발생한 동기에 대해서 이해하면 그 문제를 잊거나, 혹은 그것을 완화할 수 있는 방법을 찾을 수 있다. 그러나 '본성'은 그 본성으로 인해 동기란 것이 없다. 아인슈타인이 말했듯이 '자연의 본성은 간사하지만 악의는 없다'. 자연의 본성은 우리 혹은 우리의 문제에 무관심하기 때문에 우리에게 가장 어려운 문제다.

비자 문제에 직면하고 있는 재닛은 자신이 이 모든 혼란을 관료주의에 돌리려 한다는 것을 깨달았다. 만약 재닛이 그 유혹에 굴복했더라면 그녀가 평생 저축해 모은 돈으로 준비한 이 여행을 운명의 손에 맡기는 꼴이 되었을 것이다. 운명은 본성의 또 다른 이름이며, 행동하지 않는 것에 대한 가장 흔한 핑계거리이기도 하다. 본성의 탓으로 돌리는, 그런 커다란 위험을 안고 싶지 않았던 재닛은 매우 중요한 질문 하나를 머리에 떠올렸다.

문제는 어디에서 비롯되는가?

이것을 기화로 그녀는 여러 가지 대답을 떠올렸다.

1. 그 직원이 실제로 8번째 사본을 분실했다.
2. 자기가 잊어버리고 가져오지 않았다.
3. 잿빛 얼굴 씨가 무능력한 관료다.
4. 잿빛 얼굴 씨는 유능한 관료지만 할머니를 뵈러 가는 그녀를 입국시키는 것과 관련해서 어떤 다른 목적을 가지고 있다.
5. 잿빛 얼굴 씨는 이런 예외에 대해서 아무것도 할 수 있는 권한이 없다. 따라서 문제는 그의 몇 단계 위에 있는 상사에서 비롯된 것이다.

재닛은 그 목록이 더 길어야 한다는 것을 알고 있었지만, 어쨌든 문제는 본성의 영역을 벗어나 건설적인 사고와 단호한 행동이 가능한 영역으로 옮겨졌다.

15

마트쮜신 씨가 태도를 바꾸다

현대의 도시 생활에서 순수한 자연을 느낄 수 있는 경우는 많지 않다. 주중에는 태양이 비추는지도 모른 채 시간을 보내는 경우가 많다. 도시 근로자들에게는 관료주의 자체가 자연스럽다. 우리는 하루하루 매 시간 우리의 위대한 사장님의 눈치를 살피면서 살아간다.

그런 환경에서 관료주의를 자연스러운 현상으로 받아들이는 것은 당연하다. 햇볕이 모래를 따뜻하게 하고 썩은 물고기에 구더기가 꾀는 것처럼. 그러나 관료주의는 언제나 결코 자연스럽지 않은 '선택'의 과정을 통해 생겨난다. 피터의 원리에서 관료들은 그들의 능력으로 감당할 수 없는 위치에 오르기까지 계속 승진한다고 이야기한다.* 그 이후에 나온 폴의 원리The Paul Principle에서 현대조직에서는 업무가 계속 어려워져서 결국 해당 관료들이 감당할 수 없는 수준으로 되는 경향이 있다

---

* (옮긴이) 로렌스 피터(Laurence J. Peter)가 저술한 『피터의 원리(The Peter Principle)』에서 제시된 이론

고 한다.** 그러나 이런 선택의 과정이 존재하는데도 매우 소수의 사람들은 특정인을 조직구조 상의 특정 위치에 갖다 놓으려 애쓴다.

고대 이래 역사가들은 이런 과정이 작용했음을 기록해 왔으며, 거기에는 항상 도덕적 판단이 어느 정도 있다. 그 좋은 예가 로버트 번즈Robert Burns의 시, 「교수회의 학장The Dean of the Faculty」이다. 시인은 대학에서 권위자들이 그들의 동료에 의해 선택되어 왔고 그것을 계승한 과정을 이야기했다. 한 구절에서 번즈는 교수회를 다음과 같이 비판하고 있다.

제왕 같이 귀하신 분들이여.
이 종은 너무나 놀라울 뿐입니다.
그들이 무능력할수록
당신들은 더욱 좋아하는군요.

다시 말해서 그 일에 대한 후보자들은 능력이 떨어질수록 그를 임명하는 사람들에게 더 주목을 받았던 것이다. 이런 생각이 재닛을 안심시킨 것은 아니지만 어디서부터 일을 시작해야 하는지에 대한 실마리를 주었다.

책상 너머에 조용히 앉아서 짐이 배달되기를 기다리는 관료주의 로봇은 의심할 여지없이 대학 학장들이나 은행의 부행장들 그리고 다른 중간 관리자들처럼 무능력함을 인정받아 선택된 자로 보인다. 그는 항상 자기 상사들의 눈치를 살피며 상사가 하는 일에 대해서 좀처럼 반대하지 않을 것이다. '정말로 잿빛 얼굴 씨가 그렇게나 무능하단 말인가?

** (옮긴이) 이 두 원리는 결국 관료주의 하에서는 모든 위치가 무능력한 사람들로 채워지게 된다고 주장하고 있다.

사본 하나 없어진 것 같은 사소한 문제를 처리하지 못할 정도로?' 재닛은 생각했다. 그렇다면 나는 그의 상사를 만나야 한다.

'그러나 혹시 상사에게 문제가 있는 것이라면?' 재닛은 또 다른 선택 과정이 작용할지도 모른다고 생각했다. 즉, 상사들은 손님들이 명령 사슬의 위쪽으로 올라오는 것을 막을 수 있는 부하들을 선택하는 것이다. 부하들이 손님들을 감당할 수 없다면, 상사는 그 문제를 직접 다뤄야 하므로 그가 하고 있던 일을 방해 받게 될 것이다. 재닛은 추론했다. '그 경우, 잿빛 얼굴 씨는 다소 우둔하고 완고한 특성으로 인해 특별히 선택되었을 것이다.'

그러나 가만히 보니까 잿빛 얼굴 씨는 다소 무례하다. 적어도 미국인의 관점에서는 그렇다. 만약 관료가 무례하게 행동한다면 질문을 좀 더 확장해 보는 것이 좋다.

무례함은 어디에서 비롯되는가?

'내가 자기를 무시하지 못하도록 겁주려는 것일 수도 있다. 아니면 그는 내가 화가 나서 상사에게 부하가 무례하다고 이야기해도 상관없다고 여기는 것일 수도 있다.' 재닛은 담당자들 대부분이, 예를 들어 사본이 일곱 장인 비자를 허가하는 것과 같은 중요한 결정을 내릴 권한이 없을 때에 짜증이 나고 따라서 무례하게 된다는 것을 어디선가 읽은 기억이 났다. 그들은 아마 정당한 요구인데도 들어줄 수 없는 자기의 비천한 위치를 당신이 자꾸 생각하게 만들기 때문에 무례한 건지도 모른다.

재닛은 잿빛 얼굴 씨의 상사를 만나야겠다고 생각했다. 그녀는 문제의 근원이 무엇이든 지금은 더 높은 사람을 만나는 것이 최선이라고 여겼다. 재닛은 공손하게 웃으면서 상사를 만나게 해줄 것을 강력하게 요청할 것이다. 이 방법으로 즉시 폴란드 입국을 허가 받을 수도 있다. 왜냐하면 잿빛 얼굴 씨는 상사를 귀찮게 하는 것을 두려워할 것이기 때문이다. 그렇지 않다 하더라도 재닛이 만약 공손하거나 무능하지 않은 담당자를 만난다면 입국할 수 있을 것이다. 복사기만 있으면 여덟 번째 사본은 아무런 문제도 아닐 것이기 때문에, 재닛은 관료주의 조직에서 지적 능력이 약간이라도 있는 사람과 만날 수만 있다면 자기 문제가 해결될 것이라고 생각했다.

그런데 명령 체계상 어디에도 지적 능력이 있는 사람이 없다면 어떻게 할 것인가? 폴란드에 대한 농담이 전부 사실일 수도 있지 않은가? 그렇다면 정말 최악이다. 정말로 잿빛 얼굴 씨가 여덟 번째 사본 문제를 해결할 수 없을 정도로 멍청이일까?

'어쩌면 내가 관료들에 대해서 잘못 생각하고 있을지도 모른다. 모든 결정이 고위층에서 이루어지는 것은 아니다. 결국 상사들보다는 잿빛 얼굴 씨가 나 같은 여행객들과 더 많은 시간을 보낸다. 여행객들이 잿빛 얼굴 씨를 대하는 방식이 아마도 그의 행동에 영향을 주었을 것이다. 지금까지 수많은 여행객들이 그를 음침하고 딱딱한 사람이라고 생각해서 그에게 무례하게 행동했기 때문에 잿빛 얼굴 씨가 내 문제에 대해서 타협하려고 하지 않는 것일 수도 있다. 그렇다면 아마도 내가 문제의 근원일지도?'

재닛은 결심했다. '우선 그를 잿빛 얼굴 씨로 생각하지 말자. 내가 그를 친근한 얼굴 씨라고 부른다고 해보자. 아니면 좀 더 나아가 그의 이름을 알았다고 해보자. 나는 예전부터 이름 없는 사람이나 이름 대신 번호로 부르는 것에 대해서 매우 불만스러웠다. 그러면서도 나 자신은 점원을 부를 때 얼마나 자주 이름을 부르는 것을 잊어 왔던가?'

재닛은 의자를 책상 쪽으로 당겨 앉았다. 그제야 자신이 이때까지 오만한 자세로 앉아 있었다는 것을 깨달았다. "미스터⋯⋯. 아, 죄송합니다. 아직 당신 이름도 모르는군요. 제 가족도 폴란드에서 미국으로 왔습니다만, 폴란드 이름에는 익숙하지 않습니다."

친근한 얼굴 씨가 고개를 들었다. 그 얼굴은 약간의 놀라움으로 풀어져 있었다. "마트쮜신, 얀 마트쮜신Jan Matczyszyn이라고 합니다. 야보르스키Jaworski 양."

그는 악수를 하고 싶다는 듯 어깨를 앞쪽으로 내밀었다. 재닛은 아버지가 유럽에서 자신을 소개하는 방식에 대해서 이야기한 것을 기억해냈다. 그녀는 책상 위로 팔을 뻗으면서 말했다. "얀. 만나서 반갑습니

다. 야네트라고 불러주세요."

악수를 하면서 얀 마트쥐신은 처음으로 미소를 지었다. 그 미소는 재닛이 혹시 마트쥐신이 폴란드어로 친근한 얼굴을 의미하는 것이 아닌지 생각하게 할 정도였다. 하여간 그 덕분에 그녀는 계속 이야기할 수 있었다. "제 할아버지 이름도 얀입니다. 제 이름도 거기서 따온 것이고요. 할아버지는 아버지가 전후 미국으로 건너오기 전에 돌아가셨죠."

"아. 당신 아버님도 폴란드에서 태어났나요?"

"그렇습니다. 공군 조종사셨는데 망명 하셨죠. 네브래스카에서 비행 훈련을 하던 중에 어머니를 만났습니다. 외가댁은 19세기에 폴란드에서 이민 왔지요. 그렇게 해서 아버지는 미국에 살게 되었던 겁니다."

"재미있군요. 제 형도 공군에 있었는데. 하지만 당신 아버님처럼 운이 좋지 못했습니다. 제게 조카 하나만 남기고 나치의 손에 살해되었지요. 저는 그때 전쟁에 참여하기에는 너무 어린 나이였습니다. 형의 복수를 할 기회가 생기길 간절히 원했는데."

"우리 아버지가 당신의 형님을 알지도 모르겠군요. 아버지께 편지를 써야겠네요."

여기서 우리는 이 대화에 더 이상 관심을 둘 필요가 없을 것 같다. 그것은 모두 얀, 재닛 그리고 재닛 아버지의 일이기 때문이다. 누구라도 여덟 번째 사본 문제가 어떻게 될지 예측할 수 있을 것이고 사실 그렇게 되었다. 공무원에게 예의 바르게 그리고 그들의 인간성과 권능에 대해 존경심을 가지고 대할 때, 그들은 대개 실제로 인간성과 권능을 드러낸다. 은행 직원은 당신이 거래 해지를 원하는 경우에라도 그 서류를 올바르게 작성할 수 있도록 도와줄 것이다. 판매원은 상품이 품절된 경우에도 당신이 원하는 곳으로 안내해서 확인하게 해줄 것이다. 폴란드에서 재닛에게 일어난 것처럼 비자 담당자는 자기 주머니 속 동전이라도 꺼내서 여덟 번째 사본을 복사할 수 있도록 도와줄 것이다. 일단 '문제가 실제로 어디서 비롯되는가'를 알아내고 나면 모든 것은 따라오게 되어 있다.

문제의 근원은 대부분 당신 안에 있다.

후기: 이 대목은 틀림없이 이 책에서 여러분을 가장 낙담시킨 장일 것이다. 그래서 여러분을 위로하기 위해 후기를 달았다. 이 장에서 발견할 수 있는 가장 결정적인 한 방은 악당이 영웅이었고, 영웅, 즉 여러분이 악당이었다는 것이다. 미안하지만 여러분을 위해서 적어도 한 번은 그런 충고가 필요했다. 우리 둘의 경험에 의하면 문제의 53.27%는 문제 해결사에게서 비롯된다. 이것은 이번 장의 대부분을 문제 해결사의 도덕적인 책임을 말하기 위해 할애한 것이 정당하다고 여길만한 수치다. 이제 도덕적 비판의 시간은 지났으니, 다시 다른 사람들이 얼마나 멍청한가에 관해서 읽어보자. 여러분에게 많은 교훈과 정신적 안녕을 줄 것이다.

16

일을 만드는 사람과
공을 가져가는 사람

모든 관료주의 문제가 미소로 해결되지는 않는다. 관료주의는 문서 형태로 나타나는데, 예를 들면 조직의 명령을 전달하는 공문 같은 것에서 어떻게 미소를 표현할 수 있을까? 다음과 같은 공문이 습관적으로 자주 돌려지는 대학에서 일한다고 생각해 보자.

수신 : 캠퍼스 근무 혹은 이동 중인 모든 직원

발신 : 학장

주제 : 구두점 활용에 대한 주간 보고서에서 쉼표의 사용

직원들이 각자 구두점을 얼마나 많이 사용하는지에 관한 주간 보고서 상에서 보고자들이 사용하는 쉼표의 활용법이 서로 달라서 이사회의 일부 회원들이 혼란스러워 함을 발견했습니다. 저의 분석에 따르면, 일부 회원들이 문장을 구분하기 위해 사용하는 쉼표와 쉼표의 사용에 대한 보고를 위해 사용하는 쉼표를

제대로 구분하지 못하는 것으로 판단됩니다.

저는 제가 최근에 구성하도록 한 쉼표 위원회의 상세 작업 추진과 관련하여 다음과 같이 제안합니다.

1. 문장 구분을 위해서 사용하는 쉼표는 영, 미의 문장에서 보통 쓰던 대로 사용해야 합니다.
2. 쉼표의 사용에 대한 보고를 위한 쉼표는 ','와 같이 작은따옴표로 묶어서 표현해야 합니다.
2a. 2항의 해결안에 대한 잠재적인 대안은 쉼표의 사용을 보고하기 위한 쉼표를 ","와 같이 큰따옴표로 묶어서 표시하는 것입니다.

저는 이 긴급한 문제와 관련된 전 직원에게 의견을 듣겠습니다. 그런 다음 우리 모두의 창의적인 생각을 반영하기 위해 배포 대상 명단에 있는 사람들에게 이 공문을 돌릴 것입니다.

이런 공문은 아마도 사람들 사이에서 웃음거리가 되겠지만, 그 누구도 학장님 앞에서는 그러지 못할 것이다. 이럴 때에는 어떻게 해야 할까? 다시 한번 다음 질문을 통해 실마리를 찾아보자.

문제는 어디에서 비롯되는가?

호통을 치지만 별 의미 없는 권위적인 행위들을 접할 때마다 우리는 근원을 알 수 없는 문제에 부딪힌다. 좀 더 정확히 말하면 이것은 '그 문제 자체'에서 비롯된 문제다. 이런 종류의 자기 영속적인 문제self-perpetuating problem에 대한 전형적인 예가 국제회의다.

이 책을 쓰는 동안에도 제네바에서 또 다시 열리는 국제 군축회의에 대한 기사를 읽을 수 있었다. 제네바는 그야말로 국제회의를 예술의 경지로 끌어올린 곳이다. 제네바 주민들이 생각하듯이 정말 군축회의 자체가 매우 재미있는 행사여서 군축 문제가 해결되지 않는 것은 아닐까?

정직한 스위스 노동자들이 그러는 것처럼 군축회의를 아침 6시 30분에 시작하면 어떻게 될까? 아니면 부드러운 가죽 의자 대신에 딱딱한 나무 의자를 놓는다면? 아니면 제네바의 르 세나에서 옹블 슈발리에와 포메 앙글라세를 먹는 대신, 애크론 드라이브인 같은 곳에서 냉동 생선 토막과 축축한 감자칩을 식사 대신 먹는다면?*

그러나 오해하지 않았으면 좋겠다. 우리는 군축에 반대하는 것이 아니다. 또한, 불철주야 가난하고 힘들고 찌든 사람들을 위한 노고를 마다하지 않기 때문에 화사하고 즐거운 시간을 통해 긴장을 풀어주어야 하는 특별한 신사 숙녀 분들을 비하하려는 것도 아니다. 단지 문제 해결 과정, 사람, 조직 자체가 또 다른 문제가 될 수 있다는 기본적인 가능성에 대해서 이야기하려는 것뿐이다.

예전에 급진주의자들이 정말 급진적이었을 때, 그들은 '당신이 우리 해결안의 일부가 아니라면, 문제의 일부다.'라고 말하곤 했다. 이것을 다른 식으로 해석해 보자. '당신이 오늘의 해결안의 일부라면, 그때 당신은 내일 문제의 일부이다.' 과거 급진주의자들에게 어떤 일이 일어났는지 생각해 보자. 당시에 그들은 분명히 해결안의 일부 '였다'.

잠시 그냥 고찰을 위한 고찰의 시간을 가져 보자. 만약 세계의 모든 나라가 갑자기 무기를 다 없애 버린다면 어떤 일이 일어날까? 제네바의 프랑스 제과점 매출이 급감할 것이고, 관료의 절반 이상은 이코노미

---

* (옮긴이) 옹블 슈발리에는 물고기 이름이자 그 물고기로 만든 음식 이름이며 포메 앙글라세는 햇감자와 신선한 계절 야채다. 애크론 드라이브인은 차에서 음식을 먹을 수 있는 싸구려 레스토랑이다.

클래스를 타고, 애크론 같은 곳에서 식사하게 될 것이다. 물론 절대 그런 일이 일어나지 않겠지만.

해결해야 할 문제가 없어져 버린 어떤 대표적인 문제 해결 조직 이야기는 꽤나 유명하다. 문제가 갑자기 없어져 버린 순간 그들은 짐도 대충 챙겨서 바로 다음 스위스 에어의 비행기를 타고 집으로 돌아갔을까? 물론 절대 그럴 리가 없다. 대신 그들은 '또 다른' 문제를 찾았다. 척수성 소아마비가 자취를 감춘 후에도 미국 소아마비 구제 모금운동 단체인 마치 오브 다임March of Dimes은 계속 활동하고 있다. 그들이 해결해야 할 질병들은 아직도 많이 남아 있다. 어떤 전쟁이 끝났다고 해서 군대의 행진이 거기서 멈추어 버리지도 않는다. 그들은 멈추어 있는 군대지만 아무것도 하지 않는 것은 아니다. 때때로 멈추어 있는 군대들은 그들 고유의 역량을 발휘할 만한 국내 문제들을 찾아내곤 한다.

요약하면, 문제의 '궁극적인' 근원은 어디에서도 찾을 수 없을 것이다. 다른 말로 하면,

문제 해결사들이 사는 세계에서는 왕, 대통령 혹은 학장과 같은 사람들이 문제를 만드는 사람들이다.

우리가 가진 원래 문제로 돌아가서, 그럼 어떻게 쉼표와 관련된 공문 문제를 다룰 것인가?

여러분의 아버지의 아버지는 당신에게 이렇게 말했을 것이다.

"이 세상에는 두 종류의 사람이 있다. 일을 하는 사람과 다른 사람이 할 일을 만드는 사람. 일을 만드는 사람들을 멀리 하면 만사가 형통할 것이다."

이 세상에는
두 종류의 사람이 있다.
일을 하는 사람과
다른 사람이 할 일을
만드는 사람

혹은 여러분의 어머니의 아버지는 이렇게 말했을 것이다.

"이 세상에는 두 종류의 사람이 있다. '일을 하는' 사람과 그 '공을 가져가는' 사람. 첫 무리에 끼어라. 경쟁이 그다지 치열하지 않을 것이다."

이 중 아무것이나 다 회람 문제를 해결하기 위해 활용할 수 있다. 한 가지 방법은 공문을 만드는 사람들에게서 직원들을 물리적으로 분리하는 것이다. 즉, 우중충한 직원 사무실에서 멀리 떨어지도록 가능한 한 가장 높은 빌딩의 최상층부에 멋지게 장식한 사무실들을 만들어서 그곳으로 공문을 만든 분들을 보내 드리는 것이다. 어떻게 조직의 고위 관리자들을 그쪽으로 옮기게 할 것인가? 어떻게 팬지 꽃다발에 벌들이 달려들도록 할 것인가? 아니면 똥 더미에 파리를? 우리 생각에는 아무 문제 없이 관리자들은 허먼 밀러Herman Miller 책상이 있는 상층으로 갈 것 같다. 물론 직원들은 하층부의 사무실에 있는 싸구려 책상에서 일하도록 놓아둘 것이고.

우리 할아버지 시대에는 복사기가 보편화되지 않았다. 그 단순한 시대에는 멀리 떨어져 있기만 해도 고위 관리자가 만든 일을 직원들에게 전달하지 못할 수 있었다. 그러나 요즘에는 복사기 열쇠를 가진 사람이면 누구라도 자기가 쓴 것을 복사해서 여기저기 돌릴 수 있기 때문에 물리적인 분리만으로 충분치 않다. 조만간 직원들은 다시 피할 수 없는 문제의 생산자, 즉 공문과의 싸움에 직면할 것이다.

'쉼표의 사용'에 대한 공문을 받았지만 무엇을 해야 할지 모른다. 문제의 근원이 존재하지 않는다는 것을 알고는 스스로 자문한다. '우리 할아버지라면 어떻게 했을까?' 볼펜을 손에 꽉 쥐고는 오른쪽 상단 귀퉁이에 다음과 같이 쓴다.

142

"좋은 내용입니다. 토론해 봅시다."

그리고 그 문서를 다시 학장님께 전송한다.(굳이 쓸데없는 복사본으로 여러분의 책상을 어지럽히지 말았으면 한다. 그런 문서들은 회람을 돌리는 부서에서 관리하도록 하라.)

피드백이 적어도 서너 번 있고 나서야 학장님은 자기 비서가 모든 사람에게 전화해서 일일이 가능한 시간을 알아보는 것만으로는 미팅을 할 수 없다는 것을 깨닫는다. 그가 최종적으로 미팅을 '선포'할 때에 같은 시간에 치과를 예약하도록 하라.(그때를 위해 충치를 메우지 말고 기다려야 한다.) 그리고 미팅이 끝난 후에, 미팅에 대한 공고문의 오른쪽 상단 귀퉁이에 다음과 같이 쓴다.

"미안합니다. 치과 약속이 있었습니다. 세미콜론은 제대로 쓰고 있나요? 그것에 대해 토론해 봅시다."

모든 상상력을 동원해서 한 달 동안은 학장님이 메모를 보낼 때마다 접촉을 피해야 한다. 그래야 쓸데없는 노력이나 문서를 쌓아놓을 공간 그리고 잡무에 낭비하는 시간을 아낄 수 있다. 이건 숲에 사는 새들에게도 매우 중요한 이야기가 되는데 여러분에게 보낸 종이 외에 새로운 종이가 낭비되지 않게 된다. 문제가 나온 곳으로 문제를 되돌려 보냄으로써 모든 공은 학장님에게 가겠지만 당신은 일을 할 수도 있다.

그렇게 하기가 겁나는가? 겁낼 필요 없다. 일을 만드는 사람들은 당신이 뭘 하는지 전혀 눈치채지 못할 뿐더러 오히려 그것을 좋아할 것이다.

시험과 기타 퍼즐들

우리가 어릴 적에는 대부분 아이들은 황새가 아기를 데려온다고 알고 있었지만*, 지금 아이들은 대부분 아기가 어디서 나오는지 정도는 안다. 그 반면 요즘 아이들은 황새가 시험문제를 가져다 준다고 생각하는 모양이다. 아니면 아마도 문제가 어디서 비롯되는지에 대해 이야기하는 것을 불미스럽게 생각하는 것 같다. 그러나 안타깝게도 문제의 '근원'은 문제 해결을 위한 핵심 요소들을 포함한다.

여기서 기말에 가서 학생들을 골탕먹이기 위한 사전 준비인 듯한 느낌이 드는, 전형적인 숙제에 대해서 한번 생각해 보자. 똑똑한 학생들은 숙제는 거의 항상 바로 전 주에 배운 내용과 관련이 있다는 것을 쉽게 알아차린다. 다시 말해 이번 주에 빛과 광학에 대해서 배웠으면, 숙제를 할 때 열역학 법칙에 대해서는 생각할 필요가 없다는 것이

---

* (옮긴이) 서양 전설에서는 황새가 태어난 아이를 데려다 준다고 한다

다. 만약 교수가 2주 전에 배운 내용에서 까다로운 문제라도 낸다면 분명히 욕을 먹을 것이다. 설령 낸다 하더라도 학생들은 금방 또 그런 교수의 기질을 눈치챈다. 결국 숙제는 항상 그런 전형에서 벗어날 수 없다.

결국 숙제의 이런 전형적인 모습이 생기는 책임은 학생들에게 있다. 그런 식으로 해서 매주에 할 일은 줄어들겠지만 기말 시험에 가서는 기어이 문제가 터지고 만다. 이 결정적인 순간에는 시험지 위의 문제들이 지난 15주간 배운 범위 내 어디에서든지 나올 수 있다. 그들이 의지해야 할 단 하나의 단서, 즉 문제가 어디에서 온 것인가가 바람과 함께 사라지고 마는 것이다.

학교가 자신들에게 '현실'(그것이 어떤 것이든)에 대비할 수 있는 능력을 키워주지 못한다는 것에 대해서 불평하면서도, 정작 학교에서 치르는 기말 시험 준비가 부실한 것을 간과하다니 재미있는 일이다.

시험은 황새가 가져다 주는 것이 아니다. 똑똑한 학생들은 교수들의 관점에서 시험을 해석한다. 교수들에게 그들이 원하는 답을 주지 않는 사람은 바보다.

예를 들어, 박사 과정을 통과하기 위한 종합 능력 평가 시험을 치를 때 그것이 정말 '종합적'이라고 생각하는 우를 범하지 말아야 한다. 그것이야말로 매우 편협한 집단에 있는 소수의 사람들의 조그마한 머리에서 나온 것이기 때문이다. 첫 단계는 그 과의 어떤 교수가 그 문제를 출제했고 채점하게 될 것인가를 유추해내는 것이다.

문제는 어디에서 비롯되는가?

이런 의문 없이는 그리스 인과 로마인 중 누구를 치켜세워야 할지, 브라우닝**과 번즈*** 중 누구에게 비중을 두어야 할지, 성변화설聖變化說과 성체공존설聖體共存說 중 어느 것을 주장해야 할지 알 수가 없다.****

시험은 시험일 뿐 외부 세계에서 비롯된 문제가 아니므로, 그 문제들을 풀기 위한 일반적인 단서들이 있게 마련이다. 명백한 것은 어떤 시험이든 주어진 시간 안에 문제를 풀 수 있도록 만든다는 것이다. 여러분이 선택한 방법이 제한된 시간을 훨씬 초과한다면, 그것이 아무리 좋은 방법이라도 던져 버리는 것이 현명하다.

그리고 객관식 선택형 문제들을 풀 때, 아마 약삭빠른 친구들은 문제가 요구하는 방법으로 문제를 풀지 않더라도 답을 알아낼 것이다. 프로그래머 적성 시험에 나온 몇 가지 문제를 조사한 결과, 우리는 산술을 이용하지 않고도 거기 나온 산술 문제 대부분을 풀 수 있음을 알아냈다. 어떤 것들은 정말 '문제'를 읽지 않아도 답을 알 수 있을 정도다.

다음과 같은 선택 문항에 대해서 한번 생각해 보자.

1. 31938
2. 31929
3. 31928
4. 32928
5. 31828

우리는 이 문항들이 황새가 가져온 것이 아니고 누군가가 만든 것임을

** (옮긴이) 로버트 브라우닝(Robert Browning), 영국의 시인으로 「나의 전처」, 「스페인 수도원의 독백」 등의 작가

*** (옮긴이) 로버트 번즈, 스코틀랜드 태생의 시인으로 「올드 랭 사인」의 작가

**** (옮긴이) 성변화설은 성찬의 빵과 포도주가 그리스도의 몸과 피로 변한다는 설이며, 성체공존설은 성찬의 빵과 포도주가 그리스도의 몸과 피와 함께 있는 것이라는 설이다.

안다. 그 누군가는 우리가 약간의 실수로 답을 비껴가길 바랄 테고, 따라서 선택 문항의 구조를 이해하는 것만으로 정답이 3임을 알 수 있다. 궁금하면 한번 전체 항목들을 잘 쳐다보라.

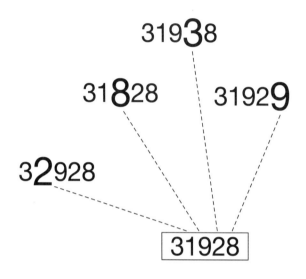

이런 선택 항목들로 구성된다면 질문이 무슨 의미가 있을까? 질문을 읽는 것은 다음과 같은 질문에 대한 답만 안다면 일종의 시간 낭비일 뿐이다.

누가 이 문제를 만들었는가? 그의 출제 의도는 무엇인가?

전통적으로 '문제 해결'이라고 부르는 것들 중, 상당수는 사실상 퍼즐 풀기에 가깝다. 퍼즐이 어렵게 설계된 경우라면 이것은 설계자가 있음을 뜻한다. 알다시피 퍼즐은 '어떤 특이한 어려움'이 있어야 한다. 그렇지 않다면 설계자는 그것을 선택하지 않을 것이다.

그러나 어렵게 만들려는 그 시도를 근거로, 우리는 오히려 문제 해결을 위한 첫 단서를 찾게 된다.

체스 문제를 생각해 보자. 체스 문제들은 정말로 퍼즐이다. 그것들은 킹을 체크 위치에 놓는 것과 같은 상식적인 말의 이동으로는 해결할 수 없다. 체스 퍼즐 문제를 풀려고 한다면 우선 '그것이 어디에서 비롯되는가?'를 생각해야 한다. 이것을 통해 먼저 상식적인 말의 이동은 답에서 제외한다. 왜냐하면 좋은 문제가 되기 위해서 문제는 어려워야 하기 때문이다.

그렇다면 어떻게 해야 체스 퍼즐을 푸는 사람을 오히려 바보로 만들 수 있을까? 우선 그 사람에게 조작된 듯한 분위기를 풍기는 문제를 몇 개 던진다. 그는 이것이 문제가 아니라 퍼즐이라는 것을 알기 때문에 문제를 만들어 가기 위한 아주 평범한 말들의 움직임에 대해서조차 그것을 간파하기 위해 상당히 오랜 시간을 소모할 것이다. 그리고 마침내 문제 풀기를 끝냈을 때 화를 낼 것이다. 마치 이번 주가 아닌, 지난주에 배운 내용에서 문제를 낸 교수에게 학생들이 그러는 것처럼.

퍼즐 해결 방식에 빠진 사람에게 상식적인 해결 방법은 일종의 충격이다. 군대의 통신에서도 적을 혼란하게 하는 가장 쉬운 방법 중 하나가 '일상적인 문장'으로 메시지를 보내는 것이다. 그 정보의 근원을 아는 암호 해독 기술자들은 메시지를 문자 그대로 받아들이기 어렵다. 그러나 일반적으로 모든 종류의 군사 문제들은 사회에서 일어나는 많은 일상 문제들에 비해서 간단하다. 왜냐하면 이미 잘 알려진 '적'이 있고 또한 그 특성을 잘 알기 때문에, 정의해야 할 것들의 수가 상대적으로 매우 적기 때문이다.

제6부

정말로 그것을
해결하고 싶은가?

18

지칠줄모름 씨,
장난감 공장의 문제를
어설프게 해결하다

이제 우리는 대부분의 사람들이 보통 자기에게 어떤 문제가 있다고 느
낀다는 것을 안다. 문제에 대한 우리의 폭넓은 정의에 따르면 그것은
사실일 수밖에 없다. 왜냐하면 문제는 누군가의 바람과 느낌 간의 차이
기 때문이다.

문제가 있다는 것을 아는 것은 결국 느낌과 관련된 일이다. 만약 여
러분이 문제가 있다고 느낀다면 문제가 있는 것이다. 그것이 '무슨' 문
제인지 아는 것은 말하자면 또 다른 일이다. 대개 문제가 있는 사람들
은 그것이 무슨 문제인지도 안다고 생각한다. 그러나 대부분 그런 생각
은 잘못된 것이다.

그런 잘못된 인식을 잘 설명하는 대표적인 예가 '문제 해결'이 큰 문
제라고 생각한다는 점이다. 많은 사람이 우리에게 "나의 가장 큰 문제
는 내가 그렇게 뛰어난 문제 해결사가 아니라는 점입니다."라고 말하
곤 한다. 헛소리다. 우리가 그 문제가 무엇인지를 파악하는 것에 비하

면, 문제를 해결하거나 해소하는 것은 오히려 사소한 일이다. 학교에서 제대로 된 문제 해결사들을 배출하지 못하는 이유는 아마도 학생들에게 무엇이 문제인지 찾을 수 있는 기회를 주지 않기 때문일 것이다. 학교에서는 선생님들이 문제라고 '말하는' 것이 그냥 문제인 것이다. 사실이다.

우리는 대부분 지나칠 정도로 학교에 오래 다녔다. 거기서 우리는 맨 처음에 나타나는 문제인 것 같은 서술을 붙잡으려는 본능을 길렀다. 그리고 가능한 한 빨리 그것을 해결한다. 왜냐하면 모두 알다시피 시험에서는 속도가 생명이기 때문이다.

그리고 당연히 집중도 필요하다. 학교를 떠나서도 시험을 치르면서 가졌던 나쁜 습관들은 여전히 남아있게 마련이다. 여기서 우리가 말하고자 하는 바를 오해하지는 말기 바란다. 문제를 기술한 첫 문장을 재빠르게 읽고 신속하게 정신을 집중하여 끝까지 물고 늘어지는 것은 바로 학교란 조직에서 어려운 상황에 처한 여러분이 최선을 다해 결과를 이끌어 내고자 할 때 취할 수 있는 방법임에는 틀림이 없다. 그리고 아마 몇 가지 다른 경우에도 그런 방식을 선택할 수 있을 것이다. 사실 브론토사우루스 타워의 문제는 만약 누군가가 "엘리베이터들이 너무 느리므로 고쳐야 합니다."라고 결론을 내려 버렸다면 순식간에 해결할 수도 있는 문제였다. '눈 가리고 무작정 두 발로 뛰어넘기'는 상당히 좋은 효과를 거둔다. 만약 그것이 전혀 효과가 없다면, 사람들은 결국 그 방식을 택하지 않을 테니 말이다. 그러나 그것은 아마도 학교를 졸업하고 나서 한참 지난 후가 될 것이다.

'눈 가리고 무작정 두 발로 뛰어넘기'가 존재할 수 있는 또 다른 이유는 문제 해결 자체가 흥미있는 일이기 때문이다. 만약 우리가 정말로 심각한 문제를 해결해야 할 때는 아주 별난 사람들만이 그 일에 동참하

려고 할 것이다. 예를 들어 이런 사람들이다. 보건복지부 장관의 보고
서를 읽고서 바로 담배를 끊는 재미없는 사람, 모든 사람이 자신의 선택
을 따라야 한다고 생각하는 사람, 그리고 사람들을 만날 때마다 그 선택
에 대해서 잊지 않고 설교하는 사람. 그러나 흥미롭게도, 우리가 해결
하고자 하는 것이 '진짜' 문제가 아니더라도 '우리가' 그것을 해결하기를
원하는 순간 진짜 문제가 된다. 문제가 극적일수록 좋을 것이다. 물론

눈 가리고 무작정
두 발로 뛰어넘기

그것이 뭐가 나쁘냐고, 우리에게 다른 사람이 맛보는 문제 해결의 기쁨에 대해 옳고 그름을 판단할 권리가 있냐고 반문할 수도 있다.

좋은 질문이다. 그리고 우리는 그 질문에 대답할 준비가 되어 있다. 여기 돈과 제리는 문제 해결의 흥 깨기에 관한 한 세계 최고 전문가이기 때문이다. 우리에게 옳고 그름을 판단할 수 있는 권리가 있다고 주장할 수 있는 것은 다음과 같은 격언이 존재하기 때문이다.

남에게 대접 받고자 하는 대로 너희도 남을 대접하라.

우리 둘, 그리고 많은 사람이 아마 열정이 넘치는 젊은 문제 해결사 때문에 평온한 평형상태가 깨지면서 즐거움을 방해 받은 경험이 있을 것이다. 이것이 우리도 다른 문제 해결사의 흥을 깰 권리를 준다.

평온한 평형 상태를 깬다는 것은 어떤 의미인가? 컴퓨터 세계에서 그 좋은 예를 찾아볼 수 있다. 컴퓨터 사용이 막 증가할 무렵, 대중은 사실 이것을 발명한 사람들의 의도대로 따라주지 않았다. 놀라울 정도로 대중들은 컴퓨터를 싫어하거나 매우 조심스러워했다. 다만 무엇이든 컴퓨터를 응용하는 것을 좋아하는 열정이 무척 넘치는 문제 해결사들만이 컴퓨터를 사용하기 좋아했다.

문제 해결사들은 젊었고 그만큼 열정이 있었다. 그들이 내거는 슬로건에도 젊음은 반영되어 있었다.

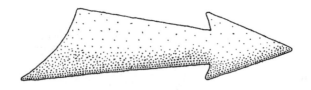

컴퓨터는 이 젊음에 영향을 미쳤다. 아니 오히려 젊음이 컴퓨터에 영향을 미쳤다는 편이 맞을지도 모른다.

수십 년 동안 지혜가 축적되면서 사실은 그렇지 않다는 것이 명백해졌지만, 첫 프로그래밍 과정을 개설하는 대부분의 학교들은 컴퓨터의

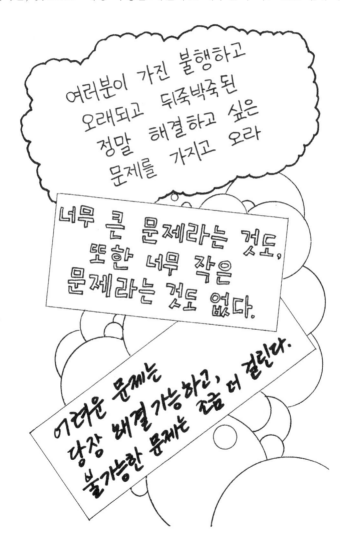

연산 시간이 충분하고 앉아서 작업할 터미널만 있다면 마치 지구라도 움직일 듯이 법석을 떨어댄다. 하긴 곰팡이 피고 먼지가 쌓인 '축적된 지혜'라는 것에 젊은이들이 신경이나 쓰겠는가?

과연 그들이 옳은가? 이 컴퓨터쟁이들은 컴퓨터에서 요구하는 방식에 자신들의 문제를 맞추기 위해 끊임없이 노력한다. 그들은 이것을 '해결책 문제화Solution probleming'라고 부른다. 컴퓨터쟁이들은 그러한 과정에서 소중한 교훈을 한 가지 얻을 것이다. 탐구하라. 그러면 배우게 될 것이다. 그들 대부분은 문제 정의에 관해서 배우게 될 것이다.

컴퓨터의 정확한 요구를 만족시킬 정도로 문제를 명확하게 기술하는 것이 사람들에게 얼마나 어려운 일이며, 사소한 단계들조차 얼마나 자세하게 표현해야 하는지 배우게 될 것이다. 처음에 이 새내기들은 사람들의 의사소통 능력이 썩 훌륭하지는 않다고 결론 내릴 것이며, 때로는 이런 비관적 평가가 들어맞을 것이다. 그러나 대부분의 경우, 이런 의사소통의 어려움이 의사소통 능력의 부족에 기인하는 것은 아니다. 사실은 우리가 문제를 알지 못하거나 알기 원하지 않기 때문에 그것에 대한 의사소통을 잘할 수 없는 것이다.

그러나 어쨌든 거기에서도 충분한 교훈을 얻을 수는 있다. 예를 하나 들어 보자. 예전에 매우 열정이 넘치는 젊은 프로그래머 지칠줄모름 씨가 장난감 공장을 위해 일하게 된 적이 있다. 지칠줄모름 씨의 열정은 당연히 회사의 임원진에게도 알려졌고, 그에게 곧이어 품격 있는 회의실에서 부사장 세 명과 자리를 함께 할 기회가 생긴다. 몇 분 안에 그들은 지칠줄모름 씨의 컴퓨터에서 쏟아지는 것들에 넋을 잃고 말았다.

이 초보자들에게 컴퓨터라는 신기한 마술 상자의 능력에 대한 교육을 간단히 마치고 우리들의 문제 해결사, 지칠줄모름 씨는 곧 부사장들에게 당장 해결해야 할 문제가 있는지 물었다. 물론 항상 그렇듯이 그

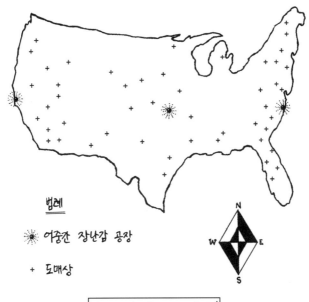

범례

☀ 어중간 장난감 공장

+ 도매상

어중간 장난감 공장과 도매상

들에게도 매우 어려운 문제가 하나 있었다. 어중간 장난감 회사는 공
장이 3개 있는데, 하나는 태평양 연안에 다른 하나는 대서양 연안에 그
리고 나머지 하나는 미주리 강변에 있는 캔자스 시에 있었다. 그림에서
보듯이 그들은 이 공장들에서 전국 각지에 흩어진 오십여 도매상으로
장난감을 납품한다.

설명이 계속 이어졌다. 당연히 운송에는 돈이 들고, 이것은 어중간
장난감 회사에서 생산하는 장난감 비용으로 전가된다. 더욱이 각기 다
른 공장에서 각기 다른 도매상에 이르는 거리가 다 다르므로 운송비도
제각각이다. 여기까지 설명을 들은 지칠줄모름 씨는 슬슬 가만히 앉아
있기가 불편해지기 시작했다. 그는 컴퓨터 터미널 앞에 앉아 있을 때
빼고는 자리에 오래 앉아 있는 데에 익숙지 않았다. 물론 앉아서 가만

히 듣는 일에도 그리 익숙한 편은 아니었다.

지칠줄모름 씨는 일찌감치 그들이 가진 문제가 어떤 것이 될지 눈치 채고 있었다. 그것은 자기 컴퓨터에서 전통적인 오퍼레이션 리서치*를 통해 잘 해결할 수 있는 최적화 문제다. 설명이 길어지는 동안 지칠줄모름 씨는 그냥 이야기를 흘려버리고 있었다. 그는 이미 다음과 같은 문제를 생각하고 있었다.

어중간 장난감 회사가 거래하는 도매상들에게 나오는 주문을 어떻게 각 공장에 적절히 할당해서 전체 비용(생산과 운송)을 최소화할 수 있는가?

부사장들이 이것이 진짜 그들의 문제라고 설명을 끝마칠 즈음 지칠줄모름 씨는 벌써 그 문제를 해결하기 위해 컴퓨터에게 필요한 정보를 요청할 준비가 되어 있었다. 전체 주문, 각 공장에서 각 장난감을 만드는 비용, 그리고 각 장난감을 각 공장에서 각 도매상에 운송하는 비용.

임원진들이 지칠줄모름 씨에게 이런 정보를 주는 데 시간이 걸렸지만 어쨌든 2주 후에는 컴퓨터 센터에 있는 지칠줄모름 씨의 책상 위에 그 정보들이 잘 정리되어 올려졌다.

지칠줄모름 씨는 숫자들을 이리저리 살피는 데 얼마의 시간을 보내며 약간 이해가 안 가는 부분을 발견했다. 작업을 마치고 약속 시간을 잡기 위해 임원들에게 전화를 걸었다.

"이렇게 말씀 드려서 죄송합니다만, 우리 문제에서 약간 재미있는 점을 발견했습니다. 제가 받은 숫자들이 정확하다면, 예를 들어 태평양 연안 공장에서 테디 베어를 만들어 캔자스 시로 납품하는 것이 캔자스

---

* (옮긴이) 문제 해결을 과학적이고도 합리적인 방법을 사용하여 결정하는 기법으로 복잡하고 제한된 요인들을 가지고 모델링과 시뮬레이션을 통해 최적화된 답을 찾아내는 방식을 이야기한다.

시에서 만드는 것보다 비용이 적게 듭니다. 거기서 만드는 비용이 3.95 달러인 데 반해, 여기서 만들면 3.07달러면 됩니다. 거기에 운송비로 0.23달러를 더해도 3.3달러입니다. 그냥 거기서 만드는 비용보다도 65센트 적습니다."

지칠줄모름 씨는 자신의 주장을 강조하기 위해 두 손을 회의 탁자 위에 내려놓았다. 세 부사장들이 한숨을 쉬며 서로 쳐다보았다. 그중 가장 원로인 부사장이 대답을 했다.

"그렇네. 우리도 그것을 알고 있네."

"그리고 대서양 연안에 있는 공장도 마찬가지란 걸 아십니까?"

지칠줄모름 씨는 그 말의 여운이 사라질 때까지 멈추었다가 말을 꺼냈다.

"테디 베어를 여기서 만들어 운송하면 3.38달러면 되지만, 거기서는 절대 4.24달러 이하로 만들 수가 없습니다."

"그렇네. 그 사실 또한 알고 있네. 여보게, 또 무엇이 궁금한가?"

"한 가지 질문이 더 있습니다. 우리 공장에서 생산하는 장난감 374개 모두 이와 같은 패턴을 보인다는 사실을 알고 계십니까?"

"물론 알지. 이 공장은 세계에서 가장 현대적인 공장 중 하나네. 나머지 두 공장보다 훨씬 효율이 좋은데다 노동비도 낮다네. 그게 바로 우리가 여기에 공장을 지은 이유네만."

지칠줄모름 씨는 당황했다.

"하지만 모르시겠어요? 비용을 가장 낮은 수준으로 줄이는 방법을 찾기 위해 필요한 것은 컴퓨터가 아닙니다."

지칠줄모름 씨는 이것을 인정하는 것은 고통스러웠지만 계속할 수밖에 없었다.

"제일 중요한 일은 나머지 두 공장을 없애 버리는 겁니다. 여기서 모든 주문을 받고 출하하십시오. 도매상들에게 바로 운송하지 않고 우선은 장난감을 다른 곳에 있는 공장으로 보내서 쌓아 놓는 한이 있더라도, 그것이 지금 하는 것보다는 싸게 먹힐 것입니다."

"맞는 말이네만, 불행히도 우리는 그 해결안 대로 할 수가 없네."

"무슨 말씀이십니까? 바로 그게 해결안입니다. 왜 수용하지 못하는 거죠?"

"왜냐하면 어중간 장난감 회사의 사장이 대서양 공장 근처에 살기 때문이네. 그리고 회장님께서 캔자스 시에 사시지. 두 분은 공장을 태평양 연안으로 옮기려 하지 않을 걸세."

"그렇다네."

다른 두 사람도 입을 모아 말했다.

"그러면 원래 우리의 문제는 비용을 최소화하는 것이 아니라 사장님과 회장님을 기쁘게 해드리는 것이었군요?"

우리의 해결책 문제화 전문가, 지칠줄모름 씨는 격분했다.

"그러면 왜 그 문제를 제게 맡긴 겁니까?"

그 질문에 대해 약 30초간 생각을 한 후 원로 부사장이 대답했다.

"자네 입으로 자네 컴퓨터가 무슨 문제든지 풀 수 있다고 하지 않았나? 나는 컴퓨터가 우리에게 도움을 줄 수 있을 것이라고 생각했네. 공장이 지어진 이래로 그 문제들을 알고 있었지만 최고 경영자 두 분을 우리가 논리로 설득할 수 없었네. 그렇네. 비록 두 분이 우리는 믿지 않을지라도, 만약 자네 컴퓨터마저 그렇게 이야기한다면 나는 두 분이 그 문제를 인정해 줄 것이라고 생각했네. 그러나 지금 그 문제가 좀 더 명백해지고 보니, 그 생각이 타당하지 않은 것 같네."

지칠줄모름 씨는 어찌할 바를 몰랐지만 그냥 그대로 지나갈 수는 없었다.

"왜 아니라고 생각하십니까? 저는 이 숫자들을 저의 선형 프로그래밍 패키지에 넣어서 돌려볼 수 있습니다. 그러면 컴퓨터가 멋진 답을 내놓을 것입니다. 다량의 수학공식을 동원해 최고 경영자 두 분을 확신시킬 것입니다. 제게 기회를 주십시오."

그 임원은 그 말에 거의 주의를 기울이지 않으면서 말을 이었다.

"안 되네. 회사의 비용이 어떻든 간에 두 분은 옮기려 하지 않으실 걸세. 그분들에게 돈은 그렇게 중요한 것이 못 되네. 반면 우리 셋은 여기 남아서 우리 사업이 좀 더 효율적으로 운영되는 것을 보고 싶네. 우리는 아직 충분한 재산을 모으지 못했으니까 말일세."

여기서 지칠줄모름 씨는 남들의 문제를 풀어주는 척하는 사람들에게 도움이 될 만한, 문제 정의에서 가장 중요한 제 1교훈을 얻었다.

겉으로 어떻게 드러나든, 사람들은 자신들이 필요로 하는 것을 갖기 전까지는 자신들이 뭘 원하는지 거의 알지 못한다.

19

참을성 양, 계략을 쓰다

가끔은 사람들이 자신이 원하는 것을 정확히 아는 경우도 있지만 그렇다고 해서 문제 해결사들의 문제가 거기서 끝나는 것은 아니다. 여기 또 다른 컴퓨터 전문가, 참을성 양의 이야기를 들어 보자.

미국의 한 주지사가 주 정부의 모든 부서에게 자신이 얼마 전 선견 지명을 가지고 구입하게 한, 그야말로 끝내주는 컴퓨터들을 적극 활용하라는 명령을 내렸다. 그러나 대부분의 컴퓨터가 하루에 18시간 이상 놀고 있었으며 오직 한 개만이 잘 활용되었다. 이에 대해 주지사의 고문들은 컴퓨터들이 노는 시간이 많으면 선거에서 정치적으로 불리한 위치에 놓이게 될 것이라는 의견을 내어 놓았다. 사람들은 컴퓨터가 무엇을 하는지가 아니라 몇 시간이나 사용되는지 평가한다. 때문에 어떤 문제이건 수분 만에 컴퓨터가 풀 수 있는 것들은 결코 중요한 일로 분류하기 어려웠다. 관료주의자들이 가능한 한 많은 시간 동안 컴퓨터를 사용하도록 할 무언가가 필요했다.

주 컴퓨터 센터의 책임자는 센터에 소속된 프로그래머들을 부서별 담당자로 지정했다. 참을성 양은 재무 부서에 배치되었는데 이곳은 과거에 컴퓨터를 전혀 사용해 본 적이 없었다. 재무 차관이 프로그래머에게 첫 번째 문제를 내놓았다. 새로운 도로 건설로 인해 개발되는 토지의 소유자들에게 지급할 보상 비용을 할당하는 일이었다.

처음에 일주일이면 될 것이라고 예상했던 일이 석 달로 늘어났다. 이것은 순전히 재무 차관이 사소한 변경 요청을 끊임없이 했기 때문이었다. 마지막 작업을 끝냈다고 여길 즈음에 참을성 양은 완전히 지쳐 있었으며 참을성도 한계에 다다랐다. 그러나 재무 차관은 아직도 만족스럽지 못한 듯 거만하게 물었다.

"도대체 무슨 프로그램이 이렇습니까? 당신이 제시한 총 지급액은 13,258,993.24달러입니다. 하지만 총액은 13,258,993.25달러가 되어야 합니다."

참을성 양은 냉정을 잃지 않으려고 노력했다.

"그것은 개별 금액을 반올림하다 보니 생긴 차이입니다. 따라서 최종 값이 맞는 경우도 있고 약간 차이나는 경우도 있습니다. 어떤 경우에도 일센트 이상 차이가 나는 일은 없으므로 그렇게 흥분하실 것 없습니다. 천 삼백만 달러에서 겨우 일 센트인 걸요."

재무 차관이 말을 가로막았다. 어쨌든 그는 젊은 여자들, 특히 매우 유능한 젊은 여자들 앞에서는 흥분하는 경향이 있는 것 같다.

"이봐요, 아가씨. 당신이 아니라 바로 내가 납세자들이 내는 돈을 책임지는 사람이오. 나는 단 1센트라도 틀리는 것을 원치 않소."

참을성 양은 그의 건방진 태도와 목소리에 주눅이 들 뻔했지만, 이미 참을성이 한계에 다다랐다.

"글쎄요. 그렇게 말씀하신다면 차관님은 자신의 일이 무엇인지 잘 모르는 것 같습니다. 이 얼마 안 되는 금액 때문에 전체 프로그램을 다시 짜야 한다면 그것이야말로 납세자들의 돈을 축내는 일이 될 것 같습니다만."

그 차관은 분노한 여자들을 대하는 것을 몹시 싫어했다.

"너무 흥분하지 않았으면 좋겠군요. 엄연히 법이 있고, 나는 그 법을 따라야 합니다. 단 일 센트라도 틀리면 안 됩니다. 그 때문에 당신과 당신의 컴퓨터에 어떤 문제가 생기든 말입니다."

그의 두려움을 알아차린 참을성 양은 용기를 내었고 그 상황을 분명하게 파악해야 되겠다고 생각했다.

"잠깐만요. 이 프로그램을 일 년에 몇 번이나 사용하실 생각이십니까?"

"확실하게 말하지요. 젊은 양반. 당신이 제대로 고쳐 놓지 않는 한, 나는 그걸 사용할 일이 절대 없을 거요."

그녀는 속이 부글부글 끓었지만 겉으로는 태연한 척하고 있었다.

"그럼 차관님이 말씀하신 대로, 만약에 제가 그것을 고쳐 놓는다면 몇 번이나 사용하실 것 같으세요?"

"우리 주는 일 년에 한 열 번 정도 그런 평가를 합니다. 사실 나는 그 계산을 위해서 훨씬 더 많은 시간을 쓰고 있는데……."

"알겠습니다."

그녀는 지갑을 더듬으면서 차관의 말을 가로막았고 차관은 더욱 신경이 예민해졌다. 찾던 것을 찾았는지 그녀는 자리에서 일어났다. 일 달러짜리 지폐를 그의 책상에 놓으면서 말했다.

"얼마 안 되는 돈이지만 주 정부에 기부하고 싶군요. 나중에 영수증이나 보내주세요." 문으로 다가가면서 약간 주춤거리다가 따뜻한 미소를 머금고 친절한 목소리로 말했다.

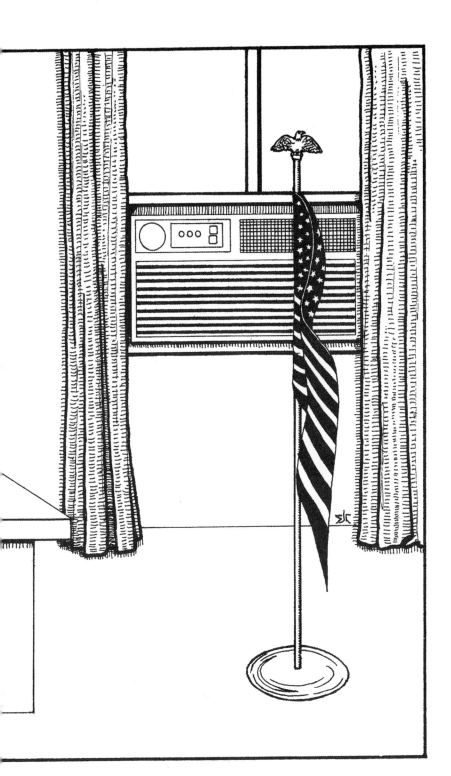

"그걸로 더 이상 프로그래밍 할 필요가 없을 것 같습니다. 제 기부금으로 향후 십 년 정도의 법적 문제는 해결할 수 있을 테니까요. 돈이 떨어지면 알려주세요. 제가 다시 기부하도록 하지요."

물론 참을성 양은 자기가 그 문제를 해결했다고는 결코 생각하지 않았다. 그녀의 예상대로 재무 차관은 재무 장관에게 컴퓨터로는 자신들이 요구하는 정확한 세금 계산을 할 수 없다고 보고했다. 소중한 시간 삼 개월을 그 프로젝트에 허비하고서 참을성 양은 마침내 컴퓨터에 대해서 완전히 잊어버리는 것이 가장 좋은 방법이라고 결론을 내렸다. 그것이 참을성 양의 '진짜' 문제에 대한 해결책이었다.

문제 해결사나 해결책 문제화 전문가나 모두 자신의 노력을 이런 식으로 방해하는 것에 대한 면역력이 없다. 여기서 참을성 양은 문제 정의의 제2교훈을 얻을 수 있었다.

최종 분석에 따르면 정말로 자신의 문제를 풀고 싶은 사람은 그렇게 많지 않다.

20

우선순위 결정

우리가 아는 어떤 뛰어난 문제 해결사가 그 이름 자체가 비밀인 한 기관을 위해서 코드 해독을 시작했다. 열 개가 넘는 퍼즐을 풀고 나서 그는 주목할 만한 기술을 습득했는데, 그것은 결국 '우선순위'를 결정할 수 있게 된 것이었다.

비밀명 '사칭Jactitation'으로 불리는 그의 임무는 이전에 동맹이었던 유럽의 한 작은 국가의 외교 코드를 해독하는 것이었다. 사칭은 2년간의 장정으로 예정되었지만, 거의 18개월 동안 전혀 진전이 없는 것 같았다. 마침내 하나하나 아주 세밀하게 작성된 맞춤표와 세계에서 가장 강력한 컴퓨터의 도움으로 문제 해결사는 외교관들이 사실상 해독이 불가능한 책 코드book code를 사용한다는 것을 알아냈다.

6개월간 사칭 임무를 더해서 그 문제 해결사는 그 코드의 기초가 되는 책이 미스터리 소설이라고 확신하게 되었다. 2개월이 더 지나서 후보가 될 만한 소설들이 추려졌다. 그리고 마침내 문제 해결사는 그 기관에 설치된 첩보와 음모에 관한 책을 모아놓은 종합 도서관에서 그 책을 찾아냈다. 그것은 바로 도러시 세이어스의 『벨로나 클럽의 불쾌한 사건』이었다.

그는 메시지 해독에 대한 열정을 억제할 수 없었다. 가장 급하다고 생각하는 메시지를 가져다가 의미 없는 숫자를 해석하여 페이지, 줄, 단어로 변환하기 시작했다.

페이지	줄	단어	그 위치에 있는 단어
112	25	7	TWENTY
133	25	7	THREE
157	27	5	BOTTLES
147	14	6	SCOTCH
19	5	7	FIFTY
32	30	2	NINE
192	17	4	WINE

"스카치 23병, 와인 59병, ……." 그것은 비용 내역이었다. 흥미를 느낀 그는 또 다른 메시지를 해석해 보았다. 그것은 또 다른 비용 내역이었다. 이틀에 걸쳐 사칭 임무를 57건 수행했는데, 그것 하나하나는 모두 그들이 쓴 비용에 대한 내역일 뿐이었다. 2주 후, 우리의 문제 해결사는 정보 업무를 떠나서 직업을 선생님으로 바꾸고 말았다.

막을 내리기 전에, 우리가 시작한 일을 마치기 전에, 우리는 문제 해결사가 되려는 사람들이 어떤 문제에 달려들기 전에 꼭 던져야 할 질문을 하나 소개한다.

내가 정말로 해결안을 원하는가?

이 질문이 다소 충격일 수도 있지만 우리는 이미 앞에서 해결안을 제시했음에도 전혀 환영받지 못하는 경우를 많이 보아왔다. 군축 회담 같은 것이 사라지면서 문제 해결사들이 직업을 잃을 수도 있다. 물론 군축 회담에서 또 다른 의미 있는 결과를 기대할 수도 있지만. 혹은 사칭 임무처럼 해결책이 너무 기대 이하여서 모든 사람이 전혀 가치를 느끼지 못할 수도 있다.

우리는 어떤 문제에 대해서 너무 오랫동안 열심히 고민해도 도무지 문제가 풀릴 것 같지 않기 때문에 교착상태에 빠지는 경우가 많다. 그런데 왜 해결책을 원하는지 또는 원하지 않는지를 걱정하는가? 거꾸로 그 문제가 너무나 빨리 닥쳐와서 우리가 해결책을 원하고 말고는커녕 도무지 그 문제에 대해서 생각할 겨를조차 없는 경우도 있다. 바지 주머니에 성냥 한 갑을 사기에도 모자란 돈을 가진 가난한 학생은 가게 밖에서 구경하는 동안 멋진 모터보트나 적어도 담배 한 갑 정도는 살 수 있게 되는 꿈을 품는다. 그 학생이 어느 날 갑자기 십만 달러짜리 복권에 당첨된다면 배 멀미나 폐암 따위는 아랑곳하지 않고 그가 꿈꿔 온 물건들을 사려는 충동에 사로잡힐 것이다.

많은 문제가 일찍 해결되어야 하지만, 여러분에게 해결을 서둘도록 종용하는 사람이 있다면 주의할 필요가 있다. 성급하게 해서 잘못된 결과를 얻는 것보다는 차라리 의사 결정이 지연되는 것이 낫다. 처음 몇 분을 아끼려다가 재앙을 초래할 수 있다. 실제 세상에는 어부의 아내 이야기와 비슷한 사례들로 가득하기 때문이다.

한 어부가 그물에 걸린 병 하나를 발견했다. 병을 열었을 때, 지니가 나타나서 자신을 자유롭게 해준 보답으로 그 어부와 아내에게 세 가지 소원을 들어주겠다고 말한다. 당연히 그 부부는 매우 기뻐한다. 그 날 밤 내내 앉아서 그들은 꿈에 대해서 토론한다. 기쁨에 못 이겨 저녁도 잊고 있다가 새벽 3시쯤 아내가 한숨을 쉬며 중얼거린다. '배가 고픈 걸. 소시지나 하나 먹었으면.'

슉!

테이블 위에 맛좋은 소시지가 나타나지만, 어부가 기분이 좋을 리 없다.

"뭐 하는 짓이야, 바보 같은 여편네! 좀 똑똑해지란 말이야. 이제 우리가 빌 수 있는 소원이 두 개밖에 안 남았잖아. 저 바보 같은 소시지가 당신 코에나 붙어 버렸으면 좋겠네."

슉!

아마 세 번째 소원이 무엇일는지 쉽게 상상할 수 있을 것이다.

옛 문제 해결 속담에 다음과 같은 말이 있다.

무언가를 제대로 하기 위한 시간은 결코 충분하지 않지만, 끝낼 시간은 항상 충분하다.

그러나 그것을 끝낼 '기회'가 항상 있는 것이 아니기에 하는 동안은 좀 더 제대로 할 필요가 있다. 다른 말로 하면,

우리 자신이 해결안을 원하는지 판단하는 시간은 결코 충분하지 않지만, 그것을 무시할 시간은 항상 있다.

해결안 자체를 원하는 경우에도 해결안에 따르는 피할 수 없는 부차적인 결과가 있다는 것을 유념해야 한다. 고대 연금술사들은 만능 용매를

찾았는데 그것은 지구상에 어떤 것이라도 녹여낼 수 있는 액체다. 납을 금으로 만들려는 시도와 마찬가지로 이 역시 헛된 노력이었다. 만약 그런 액체를 만들었다면 그것을 담을 적절한 용기를 찾아내는 것이 또다른 문제가 되었을 것이다.

우리가 열심히 만능 용매를 찾고 있다면, 그 용액이 그것을 담는 어떤 용기라도 녹여 버리고 말 것이라는 '부작용'을 고려하지 않을 것이다. 아마 그것은 지구를 관통하는 구멍을 낼지도 모른다.

그러나 우리는 부작용을 특정한 해결안에서 나온 자연스런 결과로 간주하는 경향이 있다. '부작용들은 발생하지 않을 수도 있고 만약 발생한다 하더라도 항상 그것을 제거할 수 있는 해결책을 찾을 수 있다'. 이런 순진한 생각이 얼마나 자주 우리를 곤경으로 몰아가는가?

만약 죽음의 원인을 하나하나 제거하는 일을 시작했다면, 아무도 원치 않는 노령 인구 증가라는 '부작용'에 왜 놀라는가? 만약 유아 사망의 원인들을 제거하는 일을 시작했다면, 왜 전체 인구가 증가하기 시작하는 것에 대해 충격을 받거나 의아해하는가?

이에 대한 답이 될 수 있는 것이 사람들의 습관화 경향이다. 이는 '반복되는 자극에 대해서 반응이 점차로 줄어드는 현상'을 말한다. 이런 습관화가 우리 주변 환경에서 발생하는 반복적인 자극들의 효과를 상쇄해서, 인생을 매우 단순하게 만들어 준다. 우리의 작은 세상에 무언가 새로운 것이 나타나는 순간 그것은 가장 큰 자극을 가져온다. 그 자극은 짧은 기간동안만 존재하며 그 사이 우리에게 특별한 위협이나 기회로 다가오지 못하면, 그냥 환경의 일부나 배경이 된다. 결국 완전히 상쇄되는 것이다.

물고기는 물을 보지 못한다.

문제에 대해서 생각할 때 우리가 습관화하기 쉬운 부분들은 고려 대상에서 빠지는 경향이 있다. 해결안을 통해서 그 습관화된 요소들을 제거할 때 비로소 우리는 놀라게 된다. 이러한 제거에 따른 효과의 가장 대표적인 모습은 샤트야지트 레이Satajit Ray의 3부작 영화『아푸의 세계』에서 아푸의 아내가 죽는 장면에서 볼 수 있다.

아내의 죽음을 전해 듣는 순간 아푸는 침대에 쓰러져서 며칠간 움직이지 못한다. 관객들에게 몇 시간처럼 느껴지는 긴 시간 동안 감독은 꼼짝 않고 누운 그를 비추고, 그러다 어느 순간 갑자기 돌아가던 자명종의 바늘이 '멈춘다'.

아푸는 무의식 상태에서 순간 놀라게 되고, 관객(그들 또한 시계가 가고 있는 상황에 습관화되어 버렸다.)들도 갑작스런 바늘의 정지에 따른 엄청난 충격에 공감한다. 아내의 심장이 멈추어 버린 후 아내가 자기 인생에 얼마나 중요했는지를 깨닫는 아푸의 충격에 우리도 공유하게 되었다는 사실을 나중에야 깨닫는다.

영화감독처럼 문제 해결사는 상상의 세계를 다루는 예술가다. 매우 일찍부터, 진짜 아주 초기부터 문제 해결사들은 다른 모든 사람들이 무의식적으로 헤엄을 치는 그 '물'을 보려고 노력해야 했다. 그 물은 문제가 해결되는 순간 '모래'로 변할 수도 있다.

후기: 문제에 빠져들면서 해결사들은 또 다른 점을 간과할 수도 있다. 문제 해결에 심취하여 해결안의 도덕적 정당성에 관한 부분을 종종 무시한다. 그러나 갑이 행하면 죄가 되는 것이 을이 행하면 미덕이 되는 경우도 있다. 예컨대, 독자들에게 굳이 사람을 죽이는 일이 나쁘다고 말할 필요가 없듯이, 식인종에게 사람을 먹는 일이 잘못이라고 말하는 것도 사족에 불과하다. 다소 감상적으로

들릴지도 모르지만 아마도 폴로니어스Polonius의 말에서 그 해답을 찾을 수 있을 것이다.

"무엇보다 자기 자신에게 정직하라."

이 업계에서 여러분 자신에게 정직하기 위해서는 해결안을 내거나 정의를 내리기 전에 도덕적 타당성에 대한 고민을 통해서 감정에 휘말리지 않도록 해야 한다. 그런 고민은 절대 시간 낭비가 아니다. 문제 해결은 그것이 아무리 매혹적이라 하더라도 결코 도덕적 판단에서 자유로울 수 없다.

물고기는 물을 보지 못한다.

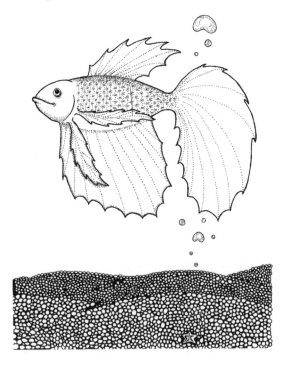